DIREITO E IDEOLOGIA

GEOVANY CARDOSO JEVEAUX

DIREITO E IDEOLOGIA

GZ EDITORA

Rio de Janeiro
2020

1ª edição – 2018
1ª edição – 2020 – 2ª tiragem

Presidente do Conselho Editorial
Nelson Nery Costa

Diagramação
Olga Martins

CIP – Brasil. Catalogação-na-fonte.
Sindicato Nacional dos Editores de Livros, RJ.

J56d

Jeveaux, Geovany Cardoso
Direito e ideologia / Geovany Cardoso Jeveaux. - 1. ed. - Rio de Janeiro: LMJ Mundo Jurídico, 2018.
142 p.: il.; 23 cm.
Inclui bibliografia e índice
ISBN 978-85-9524-041-4
1. Direito. 2. Ideologia. I. Título.

18-49169
CDU: 340.1

GZ EDITORA

e-mail: contato@editoragz.com.br
www.editoragz.com.br
Av. Erasmo Braga, 299 – sala 202 – 2º andar – Centro
Rio de Janeiro – RJ – CEP 20010-170
Tels.: (0XX21) 2240-1406 / 2240-1416 – Fax: (0XX21) 2240-1511

Impresso no Brasil
Printed in Brazil

Dedico este livro à Universidade Federal do Espírito Santo,
instituição de minha identidade: *docete omnes gentes.*

ÍNDICE SISTEMÁTICO

1 INTRODUÇÃO

O tema central do presente estudo são as comunicações entre o direito e a ideologia, reconhecendo-se de antemão que elas não são evidentes, porque os conceitos envolvidos tampouco o são.

Fazendo-se uma aproximação pelo senso comum, diz-se que uma ideologia em geral corresponde a um determinado tipo de relação das instituições estatais com a sociedade e com os indivíduos, ou ainda, ao modo como decisões políticas estatais interferem no funcionamento da sociedade e na posição dos indivíduos, fomentando ou frustrando suas expectativas. Pressupõe-se com isso que as causas dessas decisões e seus objetivos estão impregnados de certas concepções politicamente orientadas. Nesse contexto, o direito seria apenas um meio de realização de decisões políticas previamente orientadas por uma motivação e um fim.

O direito, aqui, aparece em sua forma de criação legislada, cuja relação causal com suas motivações pode ser atribuída a diferentes sujeitos (legislador, julgador, acadêmico, sociedade jurídica, etc...), cujo fim pode ser igualmente variado (solução de problemas primários, atender a intenção do legislador, preservar o contexto normativo, observar os conceitos dos institutos jurídicos, permitir o diálogo entre intérpretes, etc...) e, portanto, cuja aplicação não será tampouco uniforme. Logo, não se pode garantir que o direito será sempre um veículo inodoro de concepções politicamente orientadas, porque ele mesmo pode conter certa carga de concepção política própria.

Por outro lado, a ideologia aqui surge como o retrato de uma relação de poder, com a qual podemos eventualmente não concordar, mas não contrariar (caráter opressor), em torno de concepções políticas em geral identificadas com um dos "ismos": liberalismo, socialismo, comunismo, etc... Estes, por sua vez, correspondem a determinados quadros conceituais que funcionam como uma espécie de roteiro da ação política.

Embora didática, essa abordagem apenas toca a superfície da matéria, tanto no campo do direito quanto no campo da ideologia.

Em verdade, o que é chamado de quadro ideológico (dos "ismos") não passa de um estereótipo do tema, uma simplificação, que será melhor vista no próximo item, no qual serão confrontadas as abordagens da hermenêutica e da crítica das ideologias (ideologiekritik).

2

O QUE É IDEOLOGIA?

A palavra ideologia costuma ser atribuída a Destutt de Tracy, que no séc. XVIII a concebeu como uma ciência (de matriz positivista) capaz de explicar as sensações humanas. Napoleão, porém, passou a criticá-la, dizendo que seria especulativa, e também a seus propagadores, a quem chamou de ideólogos. Foi Marx quem deu a à palavra um conteúdo forte, dizendo que ela expressa uma falsa representação da realidade, derivada das condições materiais nas quais os homens se encontram. Essas representações ou ideias se tornam entidades externas ao próprio homem (animismo), que fica assim alienado em relação a elas e inibido de mudar a realidade concreta.

A referência última a Marx poderia induzir o início do tratamento do tema sob a perspectiva das classes sociais em antagonismo, mas Paul Ricoeur diz que isso seria uma armadilha, por provocar o sentimentalismo do pró/contra o marxismo[1]. Outra armadilha citada por Ricoeur é a análise do tema sob a ótica da justificação da ideologia, em geral atribuída à dominação, porque ela tem caráter negativo: falsa representação tendente a dissimular a pertença dos

---

1 *Interpretação e Ideologias*. Rio de Janeiro: Francisco Alves, 1988, p. 64.

indivíduos. Tal abordagem corresponde ao que aquele autor chama de "estratégia da suspeita", segundo a qual o homem da suspeita está isento das falhas que ele acusa, ou seja, está em uma posição privilegiada de observador, que supostamente não se deixa contaminar pelos defeitos alheios. Contudo, quando visto o estatuto epistemológico das ideologias, conclui-se que não há um lugar não ideológico de onde o sujeito cognoscente possa falar, cabendo aqui a réplica da suspeita[2].

Ricoeur então parte para uma definição baseada nas funções da ideologia, a começar por sua função de integração, que corresponde a comportamentos significantes que geram efeito multiplicador (ação social) e a uma orientação mútua que gera previsibilidade (relação social). Esses dois aspectos, somados, indicam a necessidade do grupo social representar a si mesmo, por meio de uma imagem, processo para o qual são identificados 5 (cinco) traços marcantes: 1)

2 Ibidem, pp. 65-66. Um bom exemplo de estratégia da suspeita é encontrado no texto Teoria Tradicional e Teoria Crítica (1937), de Max Horkheimer, que é o patrono da escola crítica. Nele, o autor defende que a teoria tradicional não permite que o homem tome consciência da reprodução material da sociedade, porque o próprio "cientista" está inserido no mundo da divisão do trabalho (aparelho social) e é chamado a atender as demandas da técnica. A crença do "cientista" em sua autonomia não passa de uma ilusão, correspondente por sua vez a uma "sinopse de faticidade", segundo a qual "...esse mundo existe e deve ser aceito". Logo, qualquer pretensão de independência cognitiva ou de fundamentação a-histórica na sociedade burguesa "...se transforma em uma categoria coisificada e, por isso, ideológica". Em outras palavras, o "cientista" da teoria tradicional é incapaz de unir a realidade social e seus produtos, ou seja, a realidade que estuda e a realidade de que participa, "...a não ser por meio de interpretação ideológica". Por isso, para a teoria crítica, categorias como "...valor, útil, conveniente, produtivo, valioso..." são suspeitas, e seu papel é o de superar essa tensão entre consciência individual e relações do processo de trabalho (Os Pensadores. v. XLVIII. São Paulo: Victor Civita, 1975, pp. 125-169).

volta ao ato de origem: referência constante ao ato de origem (revolução, reunificação, mudança de modelo econômico, etc...), num misto de crença e de perpetuação, que domestica o consenso pela lembrança e o racionaliza por meio de uma convenção, momento em que ocorre a passagem da mobilização para a justificação; 2) dinamismo: a ideologia assume o *status* de uma teoria da motivação social, ostentando simultaneamente caráter de justificação e de projeto e substituindo o ato de origem ("poder fundador de segundo grau") por meio de instituições atavicamente justas e necessárias; 3) simplificação esquemática: para garantir o dinamismo, adota-se uma codificação tendente a transformar ideias em opiniões, simplificando o pensamento para aumentar sua eficácia (adesões). "É dessa forma que tudo pode tornar-se ideológico: ética, religião, filosofia", ao mesmo tempo em que se verifica uma "...mutação de um sistema de pensamento em um sistema de crenças" (fenômeno ideológico). Recorre-se assim a uma ritualização e a uma esterotipia (reino dos "ismo"), por meio de máximas, *slogans* e fórmulas lapidares (caráter dóxico[3] da ideologia); 4) índole negativa: a ideologia não é reflexiva, porque "é a partir dela que pensamos, mais do que podemos pensar sobre ela", ou seja, ela é baseada em uma dissimulação que leva a uma instância não crítica; 5) aspecto temporal: a tolerância ao novo somente é obtida mediante recondução ao passado, ou seja, à imagem do grupo construída ao tempo do ato de origem, naquilo que se chama de "enclausuramento ideológico" ou "cegueira ideológica", mas que cria um código ideológico a partir do qual a tomada

3 As "doxas" são as meras opiniões, desprovidas de profundidade.

de consciência é possível, sedimentando a ideologia apesar da mudança dos fatos e das situações[4].

Em parte, a função de integração corresponde ao conceito de ideologia de tipo descritivo (estrito) mencionado por Raymond Geuss, como visão de mundo ou figuração de mundo de um grupo. Diz-se em parte, porque o caráter descritivo tem índole não valorativa, ou seja, não implica em julgamento da ideologia como algo bom ou ruim. Nesse tipo de ideologia, aquele autor identifica as seguintes propriedades: 1) as convicções são amplamente compartilhadas pelos agentes do grupo; 2) os elementos identificadores das convicções estão interligados; 3) os agentes têm forte apego às convicções compartilhadas; 4) as convicções são capazes de influenciar o comportamento dos agentes; 5) as convicções tratam de temas centrais, como vida e morte, trabalho, sexualidade, etc...[5] De outra parte, a mesma função corresponde ao conceito de ideologia em sentido positivo daquele mesmo autor, que se verifica na identidade cultural de um grupo e

4 Ibidem, pp. 67-71.

5 *Teoria Crítica. Habermas e a Escola de Frankfurt*. Campinas: Papirus, 1988, pp. 20-21. O conceito fraco de ideologia em sentido descritivo gira em torno de certos dados característicos encontrados nas sociedades, podendo conter elementos discursivos (conceitos, ideias e convicções) e não discursivos (gestos, rituais, atitudes, etc...). De uma forma mais estrita (forte), a ideologia pode se manifestar em dois sub-conjuntos de convicções: 1) de acordo com sua natureza (religião, economia); 2) de acordo como elas influenciam a ação (propriedades funcionais). O mesmo autor menciona ainda um terceiro tipo de ideologia em sentido descritivo: a ideologia no sentido programático, que expressa um conjunto de todas as convicções compartilhadas, enquanto programa de ação (ibidem, pp. 13-19 e 22-23). Nesse último aspecto, a ideologia em sentido descritivo se aproxima agora do dinamismo, um dos traços da função integradora da idelogia para Paul Ricoeur.

em cujo contexto podem ser satisfeitos suas necessidades, anseios e interesses[6].

Embora seja uma das armadilhas conceituais, a dominação é a segunda função da ideologia, porque ela interpreta e justifica o sistema de autoridade e esta, por sua vez, busca legitimar-se. A dominação surge quando a comunidade política se torna capaz de tomar decisões[7].

A terceira função da ideologia é a deformação, baseada em uma concepção marxista, segundo a qual a religião expressa um processo de inversão da realidade concreta por uma imagem figurada (céu e terra), que justifica e legitima a autoridade em sua relação de dominação entre classes sociais. Nesse conceito, a religião é encarada como o conteúdo da ideologia, assim como a ciência e a tecnologia o são para a *ideologiekritik*[8].

Essas duas últimas funções coincidem agora com o conceito de ideologia em sentido pejorativo mencionado por Geuss, para quem neste particular a ideologia é encarada como "...um programa de crítica das convicções, atitudes e carências dos agentes numa sociedade particular". A ilusão gerada pela dissimulação da realidade, aqui, somente ocorre quando os indivíduos agem contra seus próprios interesses, sem que tenham plena consciência disso. Mas como e

6 Ibidem, pp. 39-44. Em resumo, "uma ideologia em qualquer um dos sentidos descritivos é algo que se *encontra* (ou que se postula, talvez, hipoteticamente para fins explicativos), e uma ideologia no sentido pejorativo é algo que se encontra e se isola a fim de criticar, ao passo que uma ideologia no sentido positivo não é algo a ser encontrado´lá fora´ nem mesmo pela investigação empírica mais cuidadosa".

7 Op. cit., pp. 71-73.

8 Ibidem, pp. 73-75.

quando uma forma de consciência é ideologicamente falsa? Geuss responde com base em três propriedades das convicções, a saber: 1) epistêmicas: uma forma de consciência é epistemicamente falsa quando as premissas de determinada concepção de ciência não são confirmadas (no positivismo, por exemplo, quando as condições descritivas não estão apoiadas em evidência empírica observável); 2) funcionais: uma forma de consciência é funcionalmente falsa quando a ação é influenciada erroneamente pelas convicções, ou melhor, quando as convicções (i) apóiam (no sentido de legitimar) a dominação das instituições sociais, permitindo que se tornem hegemônicas (entendida a hegemonia como poder de reprimir e de frustrar), (ii) mascaram as contradições sociais e (iii) inibem o desenvolvimento das forças de produção material; 3) genéticas: uma forma de consciência é geneticamente falsa quando sua história causal com as reais razões de sua admissão é falseada, consciente ou inconscientemente, ou seja, "a forma de consciência é falsa no que requer ignorância ou falsa convicção por parte dos agentes sobre seus verdadeiros motivos para aceitá-la". Em resumo, "o termo´ideologia´ é usado num sentido pejorativo para criticar uma forma de consciência porque ela incorpora convicções que são falsas, ou porque ela funciona de um modo repreensível, ou porque tem uma origem espúria"[9].

Quando se associa a ideologia com a ciência, especialmente de matriz positivista, surge um novo risco: o mito da neutralidade científica ou da objetividade científica. Isso ocorre no positivismo porque seu método (apropriado para as ciências naturais) conjuga verificação (caráter explica-

9 Op. cit., pp. 23-38.

tivo) e confirmação (resistência à falsificação) para aferir se a ação do sujeito cognoscente sobre o objeto de estudo teve resultados "verdadeiros", ou seja, capazes de depurar a subjetividade. Aquele mito poderia então potencializar a alienação, problema cuja solução a Escola de Frankfurt (*ideologiekritik*) propõe uma concepção crítica, que rejeita o método supra e introduz a psicanálise (freudiana) na análise da ideologia (marxista). Contudo, para Ricoeur a associação entre ideologia e psicanálise não garante que as falhas de uma teoria sejam corrigidas por outra, afirmando ainda que uma concepção crítica da ideologia pode ser tornar ideologia por seus próprios critérios (contragolpe ideológico)[10].

Para Ricoeur, a associação entre ideologia e ciência reclama uma dialética, ou melhor, uma hermenêutica da compreensão histórica, porque (i) não existe um lugar neutro para o sujeito cognoscente, já que também ele está vinculado à ideologia como objeto, e (ii) há sempre uma pré-compreensão que condiciona a ação do sujeito sobre o objeto. Assim, referido autor faz as seguintes proposições: 1) todo saber sobre a sociedade deve partir da premissa de que ela já possui uma autoimagem com base na qual ela se representa; 2) a pré-compreensão (diferente de preconceito) permite relativa autonomia entre saber objetivante e relação pretérita de pertença; 3) o distanciamento entre saber objetivante e relação pretérita de pertença é condição para uma crítica (hermenêutica) das ideologias; 4) todo conhecimento está baseado em um interesse (neste caso, de emancipação), que funciona ele mesmo como uma ideologia ou como uma utopia, a depender dos resultados futuros ("a crítica das ide-

10 Op. cit., pp. 77-86.

ologias, fundada por um interesse específico, jamais rompe seus vínculos com o fundo de pertença que a funda"); 5) devemos renunciar à arrogância da crítica, porque a crítica das ideologias não é conclusiva (proposição deontológica)[11].

As proposições de Ricoeur são as premissas do que ele chama de alternativa entre a hermenêutica de Gadamer e a crítica das ideologias de Habermas. A divergência central entre ambas está na concepção de consciência histórica e na reabilitação, pelo primeiro autor, dos conceitos de preconceito, autoridade e tradição, "...dirigida contra o reino da subjetividade e da interioridade, vale dizer, contra os critérios da reflexividade". Em Gadamer, a consciência histórica implica na constatação de que as tradições precedem o sujeito, ou seja, "a história me precede e antecipa-se à minha reflexão. Pertenço à história antes de me pertencer". A tradição, aqui, é entendida como uma herança de costumes recebida livremente, mas não construída livremente, ou seja, ela não deriva da razão, embora a razão possa levá-la adiante. O preconceito, por sua vez, representa um componente do ato de compreender e este, por sua vez, tem uma estrutura de antecipação, que permite o retorno a um determinado ponto de origem. Já a autoridade tem dois enfoques: a autoridade de pessoa significa o reconhecimento de uma relação entre desiguais presidida pela razão, e não pela obediência cega, ou seja, a autoridade deve ser aceita quando nela se reconhece uma superioridade de juízo, que faz pressupor seu ato como legítimo ou não arbitrário; essa autoridade não se confunde com a tradição, que é ela mesma uma autoridade, no sentido de que "tudo o que é consagrado pela

11 Ibidem, pp. 87-95.

tradição transmitida e pelo costume possui uma autoridade que se tornou anônima, e nosso ser historicamente finito é determinado por essa autoridade das coisas recebidas que exerce uma poderosa influência (*Gewalt*) sobre nosso modo de agir e sobre nosso comportamento, e não somente aquilo que se justifica por razões". Habermas, por sua vez, opõe à tradição o ideal de uma comunicação sem limite e sem coação, rejeitando com isso também o conceito de autoridade, e opõe ao preconceito o conceito de interesse. Este último expressa basicamente o desejo subjacente do sujeito cognoscente e que, em sua forma de emancipação (as outras formas são o interesse técnico e o interesse prático), pode ser desmascarado pela teoria crítica. Tal tipo de interesse também pode ser chamado de autoreflexão, que não está fundada em um consenso prévio e se encontra afetada por uma comunicação interrompida. Na relação entre trabalho e poder, a dominação está presente também na comunicação, que é distorcida por um ato de violência simbólica (autoridade), ou seja, a compreensão da linguagem não provém de sua forma usual e os membros da comunidade desconhecem então as suas distorções. Por isso, "...a dissolução das ideologias deve tomar o atalho de procedimentos explicativos, e não mais simplesmente compreensivos". Em resumo, em Habermas os traços principais do conceito de ideologia são "impacto da violência no discurso, dissimulação cuja chave escapa às consciência, necessidade do desvio para a explicação das causas"[12].

De acordo com Raymond Geuss, a teoria crítica de Habermas e de resto de toda Escola de Frankfurt é anti po-

12 Ibidem, pp. 103-129.

sitivista (empirismo) e está baseada em três teses, a saber: 1) trata-se de um guia para a ação humana, tendente a obter conhecimento sobre os verdadeiros interesses dos indivíduos para emancipá-los da coerção contida no discurso; 2) é uma forma de conhecimento, tendo portanto conteúdo cognitivo; 3) tem natureza reflexiva, diferentemente das ciências naturais, que teriam índole "objetificante". Em resumo, "uma teoria crítica...é uma teoria reflexiva que dá aos agentes um tipo de conhecimento inerentemente produtor de esclarecimento e emancipação"[13].

Uma *ideologiekritik* é uma teoria crítica da sociedade que, semelhante às três propriedades das convicções antes

---

13 Op. cit., pp. 8-9 e 44-45. De acordo com Marcos Nobre, a partir da década de 60 Habermas (e, antes dele, na década de 40, o próprio Horkheimer e Adorno) se distanciou do diagnóstico e das soluções marxistas, porque, ao entender que o capitalismo passou a ser regulado pelo Estado, concluiu que "...as duas tendências fundamentais para a emancipação presentes na teoria marxista - a do colapso interno, em razão da queda da taxa de lucro, e aquela da organização do proletariado contra a dominação do capital - tinham sido neutralizadas". Ao contrário de Horkheimer e Adorno, Habermas deixou de aceitar como premissa que a única forma de racionalidade social do capitalismo fosse a razão instrumental, a ela acrescentando então a razão comunicativa. A racionalidade instrumental continua sendo aquela que se observa no agir conforme os fins ("...em que o agente calcula os melhores meios para atingir fins determinados previamente"), na qual se encontra a divisão do trabalho e a reprodução material da sociedade, mas a ela se soma a racionalidade comunicativa, que corresponde ao agir orientado para o entendimento e para a reprodução simbólica da sociedade, na tentativa de encontrar um mediador entre os extremos de Horkheimer: estrutura econômica determinante e imperativa e socialização do indivíduo. Entretanto, Habermas não teria resolvido esse "déficit sociológico da Teoria Crítica", porque a racionalidade comunicativa é prévia aos conflitos sociais, que são o resultado da racionalidade instrumental (Luta por reconhecimento: Axel Honneth e a Teoria Crítica. In: HONNETH, A. *Luta por reconhecimento: a gramática moral dos conflitos sociais.* Trad: Luiz Repa. São Paulo: Ed. 34, 2003, p. 07-19).

citadas, está baseada em três dimensões, a saber: 1) epistêmica: aqui, a crítica visa o positivismo, para o qual (i) enunciados ou proposições são verdadeiros ou falsos, (ii) são formas de conhecimento apenas quando verdadeiros e (iii) podem ser racionalmente avaliados, no sentido de serem aceitos ou rejeitados (nesse último caso, eles são testáveis e observáveis a partir de suas premissas empíricas). Tal modelo epistêmico teria o defeito de mascarar convicções não cognitivas (como juízos de valor) como se cognitivas fossem. O objetivo então é obter um conjunto de convicções mais racional, capaz de separar convicções verdadeiras das falsas. Nenhum dos membros da Escola de Frankfurt nega ser importante que as pessoas não aceitem convicções factualmente errôneas, mas, no caso de Habermas, ao aceitar (i) por intermédio de (iii), ele teria se contaminado pelos mesmos defeitos do positivismo, porque se algumas convicções (normativas) são mais racionais do que outras, "...os conjuntos de preferências e atitudes podem ser´verdadeiroś ou´falsoś", embora a racionalidade em si mesma não permita esse tipo de gradação; 2) funcional: aqui, a crítica é a de que a ação dos agentes baseada em uma falsa consciência legitima a opressão, estabilizando a dominação, mas a relação entre uma coisa e outra não é autoevidente, de modo que se pode falar que: a) inexiste tal relação, hipótese em que uma falsa consciência não implica em mais ou menos opressão e em que a opressão não depende necessariamente de uma falsa consciência; b) a relação é dominada pela falsidade da representação de mundo, ou seja, a opressão se reduz à falsa consciência, hipótese em que a consciência verdadeira legitima a opressão, mas não o contrário, criando-se assim um novo critério de verificação da afirmação inicial; c) a relação é dominada pela opressão, ou seja, a falsa consciência se reduz à opressão, hipótese em que os elementos de uma forma de consciência (atitudes, preferências e convicções) não ofereceriam dados observáveis capazes de confirmar a afirmação inicial e em que o poder dependeria exclusivamente da repressão para manter o domínio, ignorando os anseios e preferências dos agentes; 3) genética: aqui, a crítica pode ser dirigida a diferentes origens (social: feudal, burguesa; classe social: dominante, dominada), mas isso implica em atribuir a essas formas de consciência uma propriedade funcional, e não genética, porque em verdade se indaga sobre como a consciência herdada influencia a ação dos agentes. Outra forma é associar a crítica à psicanálise, a fim de encontrar os casos de erro (falsa convicção sobre um fato: acreditar que Freud nasceu em Viena), delírio (falsa convicção tendente a satisfazer um desejo: acreditar ser Carlos Magno para adquirir importância) e de ilusão (convicção que pode ou não ser falsa, mas é preservada para satisfazer um desejo: acreditar uma moça de classe média que casará com um príncipe) , observado que em Freud a convicção religiosa é um caso de ilusão. A religião é um típico exemplo de abordagem genética, mas a origem das convicções que suscita pode ser atribuída tanto a aspectos negativos (como em Nietzsche, para quem o cristianismo surge do ódio, da inveja, do ressentimento e de sentimentos de fraqueza e de imperfeição) como positivos (amor ao próximo). Logo, o que há de errado na aceitação de certas convicções de origem não está em satisfazer desejos, mas em aceitar desejos impróprios ou que não possam ser justificados[14].

14 Op. cit., pp. 45-73.

Em resumo, a ideologia corresponde a uma imagem figurada de grupo, que reforça o sentimento de pertença de seus membros e é construída pela lembrança recorrente de seu ato de origem. Esse ato se perpetua por meio de um código de comportamento, que se sedimenta no tempo apesar da mudança dos fatos e das circunstâncias originárias, legitimando as ações da autoridade. A identidade fisionômica do grupo, contudo, não é autocriada, porque é egressa de uma tradição (histórica, cultural, política, religiosa) herdada sem reflexão prévia e, nesse sentido (descritivo, e não prescritivo), seus membros estão alienados de sua situação material e incapazes de se libertar dessas amarras, já que tomam consciência de si mesmos por meio de um código já impregnado de concepções pré-concebidas. É necessária, assim, uma tomada de consciência reflexiva, capaz de libertar o homem das convicções que o afastam do pleno conhecimento de seus próprios interesses justificáveis.

3
QUADROS IDEOLÓGICOS

Como visto acima, os quadros ideológicos representados pelos *ismos* são simplificações tendentes a facilitar a adesão e a perpetuar a ideologia, que se transforma assim de um sistema de pensamento em um sistema de crença. Por isso é muito comum encontrar uma associação indevida entre a ideologia e determinados quadros de ideias, como o liberalismo, o socialismo, etc...

Contudo, os quadros ideológicos são importantes, porque fornecem o sistema de pensamento com base no qual as ações políticas são praticadas, revelando assim a relação causal entre a motivação das ações e seus fins, independentemente de se tornarem um sistema de crença. Por essa razão eles serão explorados aqui, a começar pelo liberalismo, passando-se em seguida para suas variações e oposições.

3.1. LIBERALISMO

Em geral, o liberalismo é considerado uma nova ordem resultante das Revoluções Inglesa (1688), Americana (1777) e Francesa (1789). Esses eventos representam uma forte cisão com as ordens anteriores de regime monárquico, porque marcam o fim do absolutismo ou, grosso modo, a passagem da opressão unipessoal do governante para a liberdade dos governados, com (i) a adoção do regime representativo, com mandatos periódicos, que despersonalizou o poder na figura de um direito legislado, imputado então à vontade da maioria dos eleitores, (ii) a desconcentração do poder, por meio da separação entre poderes, (iii) a declaração de direitos fundamentais, como limites (inicialmente individuais) ao abuso do poder, (iv) a laicização do Estado, ou seja, a separação entre governo/política e religião, (v) a emancipação da sociedade civil em relação ao Estado, com uma visão agora *ex parte populi* em lugar de uma visão *ex parte principis* e uma nítida separação entre espaço público e espaço privado, (vi) a consolidação do conceito de Estado Nação, iniciado com os Tratados da Paz de Westfalia (1648), caracterizado por uma população homogênea em um território delimitado com governo soberano[1].

Esses elementos são ideias remotas presentes nos principais autores jusnaturalistas contratualistas (Hobbes, Locke e Rousseau), que conceberam a passagem de um estado de natureza (imaginário ou concreto) para um estado civil (ideal) por meio de um ou mais atos consensuais, expressos na imagem figurada de um contrato social, constitutivo de uma nova ordem.

Basicamente: 1) em Hobbes, o estado de natureza era marcado pela violência e, para que os homens tivessem paz e

---

1 De acordo com Nicola Matteucci, o liberalismo é um fenômeno associado à Europa do período moderno e que, em sua fase madura, expressa basicamente (i) a separação entre política e religião e (ii) o reconhecimento do papel representativo dos partidos políticos. Para o pensador liberal, o Estado Liberal é um valor absoluto, que pressupõe (i) o indivíduo como fim, e não como meio, (ii) o princípio do diálogo, (iii) a persuasão sobre a imposição, (iv) o respeito recíproco e (v) a tolerância sobre as diferenças (In: BOBBIO, Norberto, MATTEUCCI, Nicola e PASQUINO, Gianfranco (Org.). *Dicionário de Política*. Brasília: UNB, 1998, pp. 693-696).

preservassem suas vidas, era necessário renunciar primeiro a todos os direitos, menos o direito à vida (primeiro pacto), aceitando em seguida sujeitar-se a uma autoridade (segundo pacto: *pactum subjectiones*), que não fazia parte do contrato e, portanto, não podia ser despojada de seu poder (direito de resistência passiva)[2]; 2) em Locke, o estado de natureza era avançado, porque nele havia comércio, moeda, escambo, etc..., mas não havia proteção adequada à propriedade, conquistada pelo trabalho (propriedade inata, mas usada racionalmente para a transformação da natureza em proveito próprio), de modo que, se os homens quisessem proteger o fruto de seu trabalho, era necessário primeiro constituir uma nova sociedade (*pactum societatis*) e em seguida contratar um governante (*pactum subjetiones*), vinculado então ao contrato e que podia assim ser despojado do poder a ele concedido (direito de resistência ativo)[3]; 3) em Rousseau, o estado de natureza era selvagem (mas não necessariamente violento) e privado de segurança contra a lei do mais forte e o risco da escravidão, de modo que, para corrigir esses defeitos, os homens deviam renunciar (alienar) a seus direitos, criando um corpo (moral e coletivo, antes chamado de cidade e agora de estado soberano) representativo da vontade geral[4].

De acordo com Norberto Bobbio, as principais características desse modelo jusnaturalista são as seguintes: a) ponto de partida: o estado natural, não político ou antipolítico, em oposição do estado civil; b) o segundo é uma antí-

2 Cf. BOBBIO, Norberto. *Thomas Hobbes*. Rio de Janeiro: Campus, 1991.

3 Cf. BOBBIO, Norberto. *Locke e o Direito Natural*. Brasília: UNB, 1998.

4 Cf. CHÂTELET, François, DUHAMEL, Olivier e PISIER-KOUCHNER, Evelyne. *História das Ideias Políticas*. Rio de Janeiro: Jorge Zahar, 1990, pp. 70-77.

tese do primeiro, cujas falhas procura corrigir; c) elementos constitutivos no estado de natureza: indivíduos singulares ou no máximo famílias, livres e iguais entre si, ou seja, é o reino da liberdade e da igualdade; d) a transição de um estado para o outro ocorre por força dos fatos, mas por uma ou mais convenções; e) o estado civil é artificial, produto da razão, e não da natureza; f) o princípio da legitimação é o consenso. Quando associado à sociedade burguesa emergente das revolução chamadas liberais, esse modelo permite as seguintes conclusões: a) o estado de natureza representa a identificação da esfera econômica enquanto campo distinto da política, marcando ainda a dicotomia entre público e privado; b) essa esfera econômica, distinta da política, é o momento de emancipação da classe destinada a tornar-se economicamente dominante com respeito ao Estado existente, constituindo a base sobre a qual se ergue a sociedade política; c) o estado de natureza reflete uma visão individualista da sociedade e da história, comumente considerada um traço característico da concepção de mundo e da ética burguesas; d) os ideais de liberdade e igualdade indicam e prescrevem um modo de conceber a vida em sociedade que é antitético do tradicional (a sociedade construída com uma ordem hierárquica tendencialmente estável); e) a ideia contratualista representa a tendência da classe a por sob seu próprio controle o maior instrumento de domínio de que sempre se serviram grupos de homens para assegurar a obediência a outros: o contrato; f) a ideia de que o pode só é legítimo se fundado no consenso é própria de quem luta pela conquista de um poder que ainda não possui, e está pronto a sustentar a tese contrária depois de conquistá-lo[5].

5 O Modelo Jusnaturalista. *Ensaios Escolhidos.* Rio de Janeiro: CH Cardin, 1984.

Como se vê, o liberalismo não foi apenas uma teoria iluminista de viés antiabsolutista, mas também um movimento de emancipação política de uma classe econômica emergente daqueles eventos revolucionários, estando assim fortemente vinculado ao capitalismo e a uma desigual divisão de forças.

Quem bem denunciou a falácia da liberdade dos indivíduos no liberalismo foi Benjamin Constant, ao comparar a liberdade dos antigos com a liberdade dos modernos em uma conferência proferida em 1818[6]: enquanto os antigos eram soberanos nas relações públicas e escravo nas relações privadas, os modernos eram soberanos nas relações privadas e escravos nas relações públicas; enquanto os primeiros tinha mais legitimidade do que autoridade, os últimos tinham mais autoridade do que legitimidade. Em um quadro esquemático, Constant fez os seguintes cotejos:

ANTIGOS	MODERNOS
monarquia, aristocracia, oligarquia, tirania, teocracia	governo representativo
limitação dos Reis pelos Éforos (autoridade religiosa)	limitação pelos eleitos
liberdade: sujeição à vontade arbitrária de um ou de alguns + partilha do poder decisório social	liberdade: sujeição à vontade representada pelas leis + segurança dos privilégios privados
soberania coletiva (real) = liberdade e participação nas decisões públicas (tempo gerado pelo escravagismo)	soberania popular (abstrata) = pouca participação individual e liberdade política (pouco tempo gerado pelas preocupações privadas)
sujeição do indivíduo ao todo (holismo) - limitação nas decisões privadas	indivíduo superior ao todo nas decisões privadas

6 Da Liberdade dos Antigos Comparada à dos Modernos. LCPM/UNICAMP/UFRGS, 1985.

direitos da coletividade	direitos individuais
pequenas extensões territoriais = estado bélico	territórios maiores, tendentes à paz
famílias isoladas, heterogêneas	massa homogênea de homens
era das guerras X escravidão	era do comércio X liberdade
interesse pelas coisa públicas	interesse pelas coisas privadas, para a independência individual
autoridade como requisito das decisões públicas	legitimidade como requisito das decisões públicas
autoridade ilimitada	autoridade limitada
riqueza pública X pobreza privada = dependência do indivíduo	riqueza privada X pobreza pública = dependência do Estado
renúncia aos direitos individuais	renúncia aos direitos políticos

Mas o liberalismo não assume uma concepção apenas negativa, porque ele também costuma ser associado à democracia, sabendo-se de antemão, porém, que esses são conceitos de épocas distintas e que até certo momento eram mesmo antitéticos. Enquanto a democracia pertence à teoria das formas de governo, desde a antiguidade, o liberalismo pertence à teoria do Estado, do período moderno. A aproximação entre ambos ocorreu apenas após a crise do Estado liberal clássico, com a ampliação do sufrágio até o sufrágio universal[7].

Consoante Bobbio, o significado de democracia mais adequado ao liberalismo é o formal, e não o substancial, ou seja, a democracia liberal é a aquela que reclama a obediência a certas regras do jogo tendentes a ampliar a participação dos indivíduos, e não aquela que propugna o ideal da igualdade (a junção de ambas é atribuída a Rousseau). Isso

7 Cf. BOBBIO, Norberto. *Liberalismo e Democracia.* São Paulo: Brasiliense, 1988, pp. 7-8, 31-32 e 43.

ocorre porque os objetivos dos princípios envolvidos são colidentes, no sentido de que a realização de um implica na limitação do outro: enquanto para o liberal o objetivo é a expansão da personalidade individual, o objetivo do igualitário é o desenvolvimento da comunidade. Mesmo assim, Bobbio entende ser possível a igualdade na liberdade, tal como manifestada em dois princípios presentes nos Estados liberais: 1) o princípio da igualdade perante a lei, que refuta a existência de estamentos na sociedade e exige que ela seja composta de indivíduos *uti singuli*, sem qualquer privilégio; 2) o princípio da igualdade de direitos, que exige o igual gozo pelos indivíduos de todos os direitos fundamentais previstos na Constituição[8].

A propósito, a proteção dos direitos fundamentais expressa a simbiose que hoje existe entre democracia e liberalismo, porque, "...se é verdade que os direitos de liberdade foram desde o início a condição necessária para a direta aplicação das regras do jogo democrático, é igualmente verdadeiro que, em seguida, o desenvolvimento da democracia se tornou o principal instrumento para a defesa dos direitos de liberdade". Por isso, não basta que haja a previsão

8 *Ibidem*, pp. 37-41. A democracia representativa do período liberal não era das mais amplas, devido ao voto censitário, mas ela pode ser considerada um salto quantitativo em relação à democracia antiga, reservada apenas aos patrícios. Houve assim uma mudança no modo do exercício do poder decisório, mas não na titularidade da democracia, que continuou sendo atribuída ao "povo". Uma vez aceito que a democracia direta dos antigos não era mais apropriada para a democracia dos modernos, por conta da maior dimensão de seus territórios e do maior e mais diversificado número de habitantes, era necessário torná-la realmente representativa, coisa que ocorreu com a eliminação do mandato imperativo do tempo dos estamentos, desvinculando assim eleitor e eleito de seus compromissos corporativos (ibidem, pp. 31-36).

do direito político de participação, sendo necessário que ao lado do direito de votar haja efetivamente os direitos à liberdade de opinião, de imprensa, de reunião e de associação. Apenas os Estados que protegem os direitos humanos são democráticos e eles coincidem com aqueles que emergiram das chamadas revoluções liberais. Ao contrário, de acordo com Bobbio, "...todos os Estados autoritários do mundo são ao mesmo tempo antiliberais e antidemocráticos"[9].

9 *Ibidem*, pp. 42-44. Curiosamente, os mesmos direitos fundamentais à participação política, que são a condição de compatibilidade entre democracia e liberalismo, são aqueles que Alexis de Tocqueville chamou de "remédios" da tradição liberal contra o ideal igualitário da democracia, que para ele conduziria a uma forma de despotismo. O risco da democracia contra a liberdade era para ele a tirania ou onipotência da maioria, ou seja, a possibilidade de que, em nome do princípio da maioria, se alcançasse o nivelamento entre as pessoas (*Ibidem*, pp. 55-61). Ao contrário de Tocquevillee, que era apenas liberal, John Stuart Mill era liberal e utilitarista e, em nome do princípio da utilidade (recomenda ações políticas orientadas à maior felicidade da maior parte dos membros da sociedade), rejeitou a doutrina dos direitos naturais (e, com ela, a limitação do poder político no pressuposto da preexistência de direitos ao estado civil) e aceitou uma liberdade apenas negativa, ou seja, aquela que proíbe o Estado apenas de se imiscuir na consciência individual e, por conseguinte, nas liberdades de pensamento, de opinião, de autodeterminação (sem prejuízo alheio) e de associação. O que está em jogo no liberalismo utilitarista de Mill não é a utilidade singular do indivíduo, mas sua utilidade social, que reclama o ajustamento do interesse individual ao coletivo (*Ibidem*, pp. 62-67). Apesar disso, Mill defende a compatibilidade entre liberalismo e democracia representativa, por ser para ele a forma de governo que mais amplia os benefícios da liberdade, o que reclama a ampliação do sufrágio (para os trabalhadores contribuintes e também para as mulheres) e, por conseguinte, também da formação da maioria, antes limitada aos proprietários, porque apenas um antagonismo entre fortes (maioria) e fracos (minoria) é capaz de evitar o abuso do poder. Porém, ao lado do sufrágio universal é necessário outro remédio contra a tirania da maioria: o sistema proporcional em lugar do sistema majoritário, porque apenas assim a minoria pode ter adequada representação (Ibidem, pp. 68-71).

3.2. LIBERAL SOCIALISMO E SOCIALISMO LIBERAL

As correntes liberal socialista e socialista liberal representam uma tentativa de síntese entre os princípios liberais e os princípios socialistas e, embora tenham pontos de partida distintos (a primeira da direita para a esquerda e a segunda da esquerda para a direita), almejam alcançar o mesmo ponto de chegada. Trata-se de movimentos de liberais e socialistas insatisfeitos com a ortodoxia das fontes clássicas das quais derivam.

Do lado da direita para a esquerda, John Stuart Mill e seu liberalismo utilitarista é o principal expoente (Croce é apontado como seu principal sucessor), defendendo (i) a justa repartição da produção de todos os membros da sociedade, (ii) a eliminação dos privilégios de nascimento e (iii) a substituição do egoísmo individual da acumulação de capital por um novo espírito comunitário. Para isso era necessária a intervenção do Estado na economia, como meio de equilibrar o desenvolvimento da indústria com a formação das massas proletárias, evitando assim excessos de especulação e o predomínio de grupos particulares na ação política[10].

Do lado da esquerda para a direita, Eduard Bernstein é o principal expoente (do também chamado revisionismo marxista), defendendo (i) o reconhecimento de estruturas coletivas no contexto de uma economia de mercado, (ii) o abandono do livre-cambismo individualista, que explica a desigualdade com base na escassez de recursos materiais e

10 Cf. TRANFAGLIA, Nicola. In: BOBBIO, Norberto, MATTEUCCI, Nicola e PASQUINO, Gianfranco (Org.). *Dicionário de Política*. Brasília: UNB, 1998, pp. 705-707.

nega qualquer redistribuição de renda e de riqueza, e (iii) a redução da resistência ao princípio parlamentar[11].

O encontro dessas duas abordagens permite apresentar o seguinte resumo a respeito desse quadro, que exige então: 1) no campo político: o consenso da maioria e a liberdade de ideias; 2) no campo econômico: o máximo equilíbrio entre o trabalho e os bens econômicos disponíveis ("a cada um de acordo com seu trabalho"), evitando-se assim privilégios e parasitismos, por meio de uma economia privada e pública, em que a segunda funcione como controle de cartéis e monopólios; 3) no campo internacional: o combate ao racismo, ao imperialismo e ao nacionalismo; 4) no campo jurídico: a independência e a autonomia do Poder Judiciário e a criação de uma Corte Constitucional; 5) no campo da educação: a instrução mais completa e generalizada[12].

3.3. SOCIALISMO

O socialismo é uma doutrina (também um movimento do operariado e depois um regime de Estado) que, para além da socialização dos meios de produção e do controle social dos recursos e da exploração econômica privada (socialismo conforme os meios e conforme os fins, respectivamente) propõe basicamente mais igualdade, ou seja, que pressupõe que os homens são iguais entre si, apesar das diferenças, e que as desigualdades sociais são injustas porque os homens são mais iguais que desiguais. Nesse sentido, se contrapõe ao liberalismo clássico, que pressupõe que os homens são

11 *Ibidem*, p. 706. Para o livre-cambismo: RICOSSA, Sergio. In: BOBBIO, Norberto, MATTEUCCI, Nicola e PASQUINO, Gianfranco (Org.). *Dicionário de Política*. Brasília: UNB, 1998, pp. 716-720.

12 *Op. cit.*, p.707.

desiguais, apesar das semelhanças, e que essa desigualdade não justifica um encurtamento de distância entre classes e categorias. Enquanto o liberal realça as diferenças, o socialista realça as semelhanças entre os indivíduos, sendo certo afirmar que aonde há igualdade há também liberdade, mas não necessariamente que aonde há liberdade há também igualdade. Mesmo com a concessão liberal à igualdade formal, até o ponto da igualdade de oportunidades (conforme visto no item anterior, na aproximação entre liberalismo e democracia), o liberalismo é menos capaz de englobar a igualdade do o contrário, ou seja, o socialismo é um ideal superior ao liberalismo precisamente por ser mais capaz de englobar a liberdade na igualdade. Por isso, Bobbio estabelece dois argumentos em favor de maior igualdade na liberdade: 1) "...um sistema não pode considerar-se justo aonde os indivíduos são livres mas não igualmente livres..."; 2) "a maior causa de falta de liberdade depende da desigualdade de poder, isto é, depende do fato de haver alguns que têm mais poder econômico, político e social do que outros"[13].

Existem entretanto duas propostas socialistas em torno da igualdade que se distinguem entre si: uma realista, que propõe uma reforma igualitária da sociedade, e uma utópica, que propõe uma sociedade igualitária. Trata-se de duas posições diferentes, porque a primeira sugere a sucessiva eliminação de desigualdades cujo motivo discrimi-

13 *As Ideologias e o Poder em Crise*. Brasília: UnB, 1995, pp. 37-41 e 76. Mais adiante, Bobbio admite que, se não é possível corretamente definir a igualdade pela liberdade, o contrário é possível, precisamente pela ideia básica da democracia, que é uma forma de governo na qual todos são livres porque são iguais, não havendo outra forma de governo que possa ser definida pela ideia oposta, ou seja, aonde todos são iguais porque são livres. O fato de não existir ainda igualdade na liberdade existe por conta de uma má distribuição do poder (ibidem, pp. 42-44).

natório não mais se sustente como outrora, enquanto que a segunda sugere superar todos os critérios de discriminação, no pressuposto de que qualquer diferença não é relevante. Bobbio associa essa última posição aos igualitaristas, para os quais o critério de justiça é a igualdade de todos em tudo, associando liberais e socialistas ao critério de justiça da igualdade de todos em alguma coisa, nele divergindo sobre essa alguma coisa, que para os socialistas significa alguma coisa mais, precisamente a igualdade[14].

O risco do critério de justiça dos igualitaristas está na proibição do dissenso, que Bobbio associa às "democracias" totalitárias. Nelas, o consenso "...não admite o dissenso porque é ou pretender ser o consenso de todos". Como resultado, não há direito à oposição ou ao dissenso e, assim, todos precisam ser reeducados para que se tornem consencientes. O consenso, assim, torna-se obrigatório e, por conseguinte, o dissenso é proibido, não se podendo falar então em aceitação, mas apenas em obediência. Em um regime assim, "toda forma de dissenso é proibida, exceto as expressamente permitidas", ou por outra, todas as formas de ideologia são excluídas, menos a oficial, que não apenas impõe as regras do jogo, como também dita o modo como se deve jogar. Esse modelo é o oposto ao da democracia liberal, porque nela o consenso é livre e, portanto, há mais aceitação do que obediência. Nele se admite o direito ao dissenso, até o limite do respeito às regras do jogo, isto é, "toda forma de dissenso é admitida, exceto as expressamente proibidas"[15].

---

14 Ibidem, pp. 45-46.

15 Ibidem, pp. 45-51. Mais adiante, Bobbio apresenta uma crítica à ligação entre democracia e autocracia: "com base no princípio de que só existe democracia quando existe consenso e dissenso livres, tão pouco democrático é o sistema político que impede o dissenso como o movimento político de dissencientes que não tolera os consencientes" (p. 53).

Enquanto o consenso exclusivista é encontrado no totalitarismo instalado, o seu contrário, o dissenso exclusivista, é encontrado nas democracias, que são tolerantes ao pluralismo de ideias e, por isso, precisam definir a liceidade do dissenso, ou seja, o limite da tolerância. O dissenso exclusivista é próprio dos movimentos revolucionários (de matriz leninista), que partem da premissa de que a violência é o único modo de responder a um regime autoritário, mas uma democracia somente pode ser concebida como autoritária ou tirânica "...quando se aproveita da própria maioria para mudar as regras do jogo, entre as quais, precisamente, é fundamental a da maioria, fazendo passar a maioria para a unanimidade, que, como tal, não reconhece mais a minoria". Fora dessa hipótese, é legítimo em uma democracia negar o dissenso exclusivista, porque uma das características da passagem histórica do regime autocrático para o regime democrático foi a transformação do direito natural de resistência à opressão em direito positivo à oposição[16].

16 Ibidem, pp. 52-56. A importância do dissenso é ilustrada por Bobbio com a divergência interpretativa sobre os fundamentos teóricos da própria revolução bolchevique. Em uma passagem do livro Crítica da Economia Política, Marx afirmou "...que uma formação social não deve ser minimizada enquanto não tenha desenvolvido todas as suas forças produtivas". Como a antiga Rússia era uma sociedade pré-capitalista, podia-se ler naquela passagem que ela não estava madura para a revolução, o que explicaria, por exemplo, a distância que com o tempo se estabeleceu entre a ação política pós-revolucionária e a teoria pré-revolucionária. Em outras palavras, a revolução não teria sido marxista, ou falhou porque não foi fiel à teoria marxista e, como resultado, a União Soviética tornou-se um Estado socialista "...abortado ou nunca nascido". Mas essa dúvida não é contemporânea da revolução, tendo surgido depois dela. Se tal observação tivesse sido posta na época da revolução, seus autores seriam decerto acusados de infidelidade ou heterodoxia, mas feita muito tempo depois, por dissidentes do próprio leninismo-marxismo, ela acaba por absolver tardiamente aqueles que pensavam de forma diversa, então

Visto o socialismo como meio, ou seja, como socialização dos meios de produção, sua avaliação positiva é feita apenas pelos comunistas (que não podiam ignorar que a concentração dos poderes econômico e político daí decorrente levaria ao Estado totalitário), mas visto como fim, ou seja, como controle social dos recursos e da exploração econômica privada, sua avaliação é negativa e feita pelos dissidentes perseguidos, para os quais não pode haver socialismo aonde não existe uma mínima liberdade de opinião. No socialismo real ou concreto não há liberdade de dissenso, porque, "...na sua versão marxista-leninista, foi tomado como um dogma indiscutível, tornou-se religião de Estado"[17].

Para contornar os problemas do socialismo real foram propostas revisões, chamadas de alternativa de esquerda, que procuram aproximar o socialismo da democracia. Trata-se em verdade de uma alternativa entre o ideal social-

vistos como inimigos ou ignorantes (ibidem, pp. 62-66). A propósito, os egressos do movimento operário nunca concordaram entre si, bastando ver as oposições surgidas nas quatro fases do socialismo, a saber: 1) a da formação dos partidos operários, que opôs marxistas e anarquistas; 2) a da época da Segunda Internacional, que opôs revisionistas/reformistas e ortodoxos/revolucionários; 3) a do primeiro pós-guerra, que opôs mencheviques/antileninistas e bolcheviques/leninistas; 4) a do segundo pós-guerra, que opôs socialistas/social-democratas e comunistas (ibidem, pp. 81-82).

17 Ibidem, pp. 77-78 e 90. O socialismo real ou concreto é medido como verdadeiro e falso em duas análises: como movimento de origem verdadeiramente operário ele é falso (o levante encabeçado por Lenin e Stalin foi financiado pela Alemanha, que queria mover suas tropas da frente oriental para a ocidental: ambos conseguiram seus intentos), mas como constatação de que o acúmulo privado de capital é causa de infelicidade coletiva (porque inibe a defesa dos fracos contra os fortes, a luta contra os privilégios e a igualização das fortunas) ele é verdadeiro (ibidem, pp. 89-91).

-democrata de simples correção do capitalismo e o ideal comunista de socialização dos meios de produção. Entre o Estado assistencial e o Estado comunista, a proposta é a de dar "...um passo atrás em relação ao segundo e um passo à frente em relação ao primeiro". No primeiro caso, propõe-se: 1) no plano dos princípios: (i) uma concepção conflitualista da democracia em lugar de uma concepção orgânica da sociedade e (ii) a confiança no indivíduo e na sua capacidade; 2) no plano das instituições: (i) o pluralismo político e cultural e (ii) o respeito ao dissenso; 3) no plano econômico: (i) o reconhecimento do mercado como meio de verificação das opções e (ii) a compatibilidade entre a empresa privada (não nacionalista, que cria a burocratização) e a sociedade socialista. No segundo, propõe-se (i) novas formas de socialização do poder, como (a) o alargamento da participação política a áreas diversas das tradicionais do Estado Parlamentar, (b) a abertura a experiências de democracia direta e (c) novas formas de democracia industrial, assim como (ii) o controle da economia via direção pública ou o planejamento econômico tendente a eliminar os abusos de poder decorrentes de toda atribuição de maiores tarefas para o Estado[18].

A proposta alternativa de maximizar a autonomia individual e uma direção unitária da economia nunca se realizou na prática, e o que em verdade se vê nas sociedades complexas e economicamente avançadas são dois processos contrastantes: um de extensão dos direitos políticos até o sufrágio universal (máxima aproximação entre liberalismo e democracia, como visto antes) e outro de ampliação do aparelho de estado para atendimento de serviços públicos,

18 Ibidem, pp. 67-71.

ou seja, um de democratização da sociedade ou de socialização do poder e outro de burocratização do Estado ou de estatização das funções essenciais de sobrevivência e de desenvolvimento da sociedade. Não obstante, isso não é causa necessária de síntese contraditória, porque não há qualquer evidência de que mais democracia leve à extinção do Estado (embora cause mais burocracia) e de que o aumento do tamanho do Estado leve à extinção da liberdade[19].

De acordo com Bobbio, o problema da alternativa ao socialismo real ou concreto é que falta uma teoria de democracia socialista como resposta à teoria da democracia liberal. Esse déficit ocorre por duas razões elementares: 1) a revolução como movimento operário esteve mais preocupada com a tomada do poder do que com seu exercício posterior, com foco no partido e não em uma teoria do estado; 2) o fim do estado e a primazia da economia sobre a política acabaram se revelando um engano, assim como a pressuposição de que a ditadura do proletariado seria um estado de transição. No primeiro caso, o partido único tornou-se o próprio Estado. No segundo, a proposta de extinção do Estado exige que também se pressuponha a extinção da comunidade internacional, enquanto um sistema de Estados. A soma dessas duas consequências tem como denominador o aumento da distância entre socialismo e democracia, que, a rigor, não são antagônicos. Teoricamente, o socialismo sugere uma democracia substancial, "...não mais somente política mas também econômica, não somente de proprietários mas de todos os produtores, não representativa e delegada mas não

19 Ibidem, pp. 72-75.

delegada e, portanto, direta, não parlamentar mas dos conselhos operários, e assim por diante"[20].

Por outro lado, o déficit de uma democracia socialista pode ser colocado em perspectiva com as promessas não cumpridas pela democracia liberal, a saber: 1) ampla participação, agravada pela apatia política e pela participação distorcida pelo poder ideológico dos organismos de massa; 2) controle social, agravado pela deslocação do centro de poder e pela falta de controle democrático de novos centros de poder (grandes empresas, forças armadas e burocracia); 3) liberdade de dissenso, limitada ao sistema econômico dominante. Cada uma dessas promessas não cumpridas potencializa a outra, porque ao mesmo tempo em que se reduz a participação política, diminuem o controle social e o espaço do dissenso. Como conclusão, o método democrático liberal tampouco se revela capaz de produzir a mudança do capitalismo para o socialismo, e o máximo de aproximação entre ambos que se encontra na história foi o *Welfare State* dos Estados social-democratas. Numa frase: "ou capitalismo com democracia ou socialismo sem democracia (para não falar nos estados que não são nem capitalistas nem socialistas e nem aqueles que mesmo sendo capitalistas não são democráticos)". Ou por outra: "através do método democrático, o socialismo é inatingível; mas o socialismo atingido por via não democrática não consegue encontrar a estrada para a passagem de um regime de ditadura a um regime de democracia"[21].

---

20 *Qual Socialismo? Discussão de uma alternativa.* Rio de Janeiro: Paz e Terra, 1987, pp. 24-32.

21 Ibidem, pp. 32-34. No livro *O Futuro da Democracia. Uma defesa das regras do jogo*, Bobbio enumera outras promessas não cumpridas pela democracia liberal, a saber: 1) fim do poder invisível da oligarquia; 2) fim da

Com o fim da União Soviética, a abertura ao comércio internacional da economia chinesa e a crise política e econômica de Cuba pós-Fidel, o socialismo como regime de Estado declinou visivelmente. Como movimento do operariado, o socialismo real ou concreto nunca foi um exemplo fidedigno. Apenas como teoria o socialismo sobrevive, agora talvez com mais chances de se aproximar da democracia, não obstante as barreiras acima citadas para a transformação pacífica do capitalismo em um regime de democracia liberal.

3.4. SOCIAL DEMOCRACIA

A social democracia surgiu em 1875, como uma dissidência do comunismo leninista, propondo realizar o socialismo por meio das instituições democráticas (socialismo via democracia), mediante a aceitação, em princípio, do mercado e da propriedade privada, ou seja, a ideia era a de se imiscuir nas instituições democráticas por seus próprios mecanismos, aguardando o colapso inevitável (determinismo) do capitalismo para a realização do projeto socialista (a ascensão da ditadura do proletariado)[22].

No início, o movimento se põe contra o anarquismo, o fascismo, o reformismo burguês (livre mercado) e a revolução (renúncia à violência), sem olvidar a negação do sistema

ignorância; 3) fim da representação de interesses privados; 4) garantia dos corpos intermediário ou dos centros de poder que se colocam entre o Estado e o indivíduo e definem o pluralismo; 5) garantia da participação política (Rio de Janeiro: Paz e Terra, 1989, p. 10).

22 SETTEMBRINI, Domenico. In: BOBBIO, Norberto, MATTEUCCI, Nicola e PASQUINO, Gianfranco (Org.). *Dicionário de Política*. Brasília: UNB, 1998, pp. 1188.

econômico liberal, mediante uma oposição permanente ao governo (não participação). Após a 2ª Grande Guerra houve uma guinada para o reformismo liberal, por conta (i) da violência dos comunistas contra os partidos socialistas, (ii) da recuperação econômica do capitalismo, permitindo melhorar as perspectivas do operariado e da classe média, (iii) dos resultados negativos da planificação socialista, com o fim do mercado e da propriedade privada, que gerou super poderes discricionários dos "planificadores".

A partir de então, a social democracia passa a propor uma colaboração institucionalizada entre o Estado, as empresas e os sindicatos (colaboração de classes dentro do Estado), de forma distinta porém do corporativismo fascista (regime totalitário, manobrado de cima para baixo).

Atualmente, a pauta da social democracia é a demanda por igualdade material dentro do Estado de Bem-Estar (Welfare State), ora pelo nivelamento da renda, ora pela tributação da renda, sem colocar em risco porém o desenvolvimento econômico (conciliação entre um máximo de liberdade com um máximo de igualdade)[23].

3.5. NEOLIBERALISMO

O termo neoliberalismo em geral é empregado para designar o retorno aos princípios liberais clássicos, contra as variações decorrentes do liberalismo utilitarista de John Stuart Mill, tendo como principal autor Friedrich August von Hayek. Não se trata propriamente de uma teoria saudosista

23 Ibidem, pp. 1189-1192.

do liberalismo clássico, mas de uma doutrina que se opõe ao liberal-socialismo e à social-democracia.

Hayek faz uma clara distinção entre o liberalismo garantidor de liberdade individual, atribuído a Hume, Smith, Burke, Tocqueville e Kant, e o liberalismo que ele diz ser de tradição continental européia, atribuído a Voltaire e Rousseau. A diferença primária estaria na natureza da racionalidade humana: enquanto o primeiro pressupõe que a razão humana é limitada e somente pode ser expandida por meio do raciocínio abstrato, o segundo sustenta a inexistência desse limite, no pressuposto de que a razão pode orientar arranjos concretos; enquanto o primeiro reconhece que o conhecimento humano provêm da tradição, o segundo nega a tradição por reconhecer na razão uma independência capaz de organizar a civilização; enquanto o primeiro nega qualquer determinismo, o segundo defende um "desígnio deliberado" de reconstrução das instituições de acordo com um plano preconcebido; em resumo, enquanto o primeiro mira nos meios, o segundo mira nos fins[24].

Na leitura de Hayek, o liberalismo não nasceu como uma teoria, mas da constatação de que as limitações impostas aos poderes estatais pós revolução inglesa de 1688 geraram benefícios inesperados para os indivíduos, mais especificamente que a liberdade pessoal então conquistada produziu uma prosperidade material sem precedentes, que devia então ser generalizada. Essa nova ordem autogerada ou espontânea (nomocracia ou catalaxia) mostrou então ser possível utilizar o conhecimento e a habilidade de cada um

24 Os Princípios de Uma Ordem Social Liberal. In: CRESPIGNY, Anthony de e CRONIN, Jeremy. *Ideologias Políticas*. Brasília: UNB, 1981, pp. 47-48.

no grau mais alto do que seria possível em uma sociedade submetida a uma direção geral (telocracia). A teoria que se seguiu conceituou o liberalismo a partir das premissas de que uma ordem assim espontânea somente pode existir se (i) houver regras universais de conduta justa, que protejam o domínio privado dos indivíduos, e se (ii) os poderes coercitivos do governo se limitarem à aplicação dessas regras[25].

Essas regras gerais são puramente formais e, portanto, desprovidas de conteúdo com base no qual seus resultados possam ser julgados como bons ou ruins, justos ou injustos. Elas visam proteger a propriedade privada e restringir os poderes coercitivos do governo, impondo contribuições igualmente limitadas ao custo de aplicação dessas regras e dos serviços estatais (não coercitivos). Daí decorrem os seguintes princípios: 1) gerais: (i) a força ordenadora abstrata dessa ordem é a pressuposição da regularidade da conduta de seus membros; (ii) essa ordem não tem objetivos a seguir e, portanto, não depende de concordância sobre os resultados que alcançará; (iii) sua base é a reciprocidade, ou seja, a "...conciliação de diferentes objetivos para o benefício mútuo dos participantes"; (iv) seguida de benefícios mútuos, decorrentes da "...melhor oportunidade a qualquer membro escolhido ao acaso para que utilize com sucesso seus conhecimentos para a consecução de seus objetivos"; 2) de justiça: (i) a justiça corresponde à ação humana, e não a um estado de coisa: logo, as perdas e ganhos concretos na catalaxia não podem ser considerados bons ou ruins em si mesmos, sendo antes explicados pela imprevisibilidade; (ii) as regras de conduta devem impedir ações injustas: logo, as regras não

25 Ibidem, pp. 48-49.

dizem o que os indivíduos devem fazer, mas apenas aquilo que eles não podem fazer e o que lhes é permitido fazer; (iii) injustas são as ações que infrinjam o domínio protegido do semelhante: logo, lei e propriedade privada (bens e direitos) estão interligados; (iv) as regras de conduta devem ser aplicadas de forma coerente: logo, é um imperativo categórico que as regras sejam universais e uniformes, evitando-se assim conflitos na sua aplicação[26].

Em outras palavras, (i) o liberalismo não visa objetivos predeterminados, mas permite que os indivíduos realizem os seus, de acordo com suas habilidades e conhecimentos e com as oportunidades geradas por uma ordem de mercado livre (que funciona como disseminador de informações sobre aquelas oportunidades), (ii) a catalaxia não adota uma concepção de justiça baseada no mérito subjetivo ou nas necessidades individuais, porque baseia-se na habilidade, no esforço e na sorte, independentemente de qualquer garantia de recompensa, o que significa dizer que inexiste proteção de posições pré estabelecidas e que há uma obrigação moral de aceitação dos resultados.

De acordo com Hayek, contudo, essas observações não excluem regras compensatórias dos resultados negativos, que sociedades ricas possam adotar, precisamente porque têm excedentes de produção, contanto que elas operem fora do mercado, ou seja, o problema da justiça está em considerar que o mercado deve funcionar como meio de correção dos resultados e da desigualdade das recompensas[27].

---

26 Ibidem, pp. 49-54.

27 Ibidem, pp. 58-61.

Já o segundo modelo de liberalismo teria gerado: (i) a defesa do ideal dos poderes ilimitados da maioria, tornando-se um democratismo anti liberal; (ii) uma oposição às religiões; (iii) um totalitarismo e a perda da proteção da liberdade individual, decorrentes da sucessiva transformação das regras de conduta do direito privado e criminal em regras de direito público[28].

3.6. NEOMARXISMO

Diferentemente do neoliberalismo, o neomarxismo não se opõe a uma ou outra forma específica de interpretação das teorias de Marx, propondo-se apenas a analisar criticamente as suas ideias, ou seja, enquanto este último promove uma autocrítica, aquele promove uma crítica alheia e um elogio próprio.

O principal autor expoente desse quadro ideológico é Jon Elster, que enumera as teorias marxistas que continuam vivas e aquelas que estão sepultadas .

Na teoria política de Marx, a política tem dois significados: (i) ela faz parte da superestrutura e, assim, pertence às forças que se opõem à mudança social; (ii) ao mesmo tempo, ela é o meio que levará à mudança social, via revolução. Trata-se do desígnio das ascensão e queda do capitalismo: a política capitalista estabiliza inicialmente as novas relações de produção, em um movimento progressista, mas quando a taxa ótima de produção cai ela se torna reacionária, dando lugar assim a novas relações de produção, que se dedicam ao fim da política: o comunismo. Contudo, "Marx nunca apre-

28 Ibidem, pp. 55-57.

senta nenhum argumento que explique por que indivíduos ou classes entrarão na luta política por relações de produção que permitam o desenvolvimento ótimo das forças produtivas", fato que Elster atribui a "...sua irritação com a mentalidade estreita dos burgueses alemães de 1848, que se recusaram, contra o movimento geral da história, a entrar em aliança com a classe operária"[29].

Já o Estado capitalista é retratado por Marx de 3 (três) em três momentos cronológicos, à medida em que os fatos foram refutando as previsão anteriores: 1) teoria instrumental: o Estado não passa de um instrumento dos interesses comuns da burguesia, resolvendo os problemas coletivos dessa classe de um lado e, de outro, bloqueando a solução cooperativa de problemas semelhantes da classe trabalhadora. Essa teoria pressupunha que a burguesia acabaria por se apropriar do poder político, promovendo uma superexploração da classe trabalhadora em nome do propósito de lucro a curto prazo e comprometendo assim "...a reprodução física e a sobrevivência da classe que constituía a própria condição do lucro". Porém, eventos ocorridos na Europa entre1848 e 1852 mostraram o contrário, vindo Marx a variar então a teoria; 2) teoria da abdicação: os capitalista abdicam do poder político porque essa é a melhor estratégia para a promoção de seus interesses . Isso porque já não mais interessava naquele momento para a burguesia ter um Estado para chamar de seu, porque esse Estado "não capitalista" servia de qualquer modo aos seus interesses, e se a burguesia simplesmente não tomara o poder político foi porque apenas não o quis. Ademais, era estratégico para a burguesia não

29 *Marx Hoje*. São Paulo: Paz e Terra, 1989, pp. 160-161.

fundir capital e governo (ocultamento das linhas de classe), já que os trabalhadores manteriam duas frentes a combater, ao invés de apenas uma."Marx tinha dificuldade em aceitar a ideia de que podem existir vantagens acidentais e não explicativas na vida social", e se a burguesia não tomara o poder foi simplesmente porque havia uma estrutura burocrática de matiz aristocrata ainda encastelada em seu comando, remanescente do absolutismo. Ademais, a passividade política da burguesia é simplesmente explicada pela lógica da ação coletiva: "o problema da carona assegura que os capitalistas se manterão afastados da política a menos que intoleravelmente provocados por medidas do Estado contra seus interesses". Isso também se explica pela rejeição ao problema da miopia: a tomada do poder exige custos que a longo prazo não compensam as vantagens de curto prazo; 3) Estado e burguesia se apresentam como atores independentes, funcionado os interesses da burguesia apenas como limites das ações políticas, e não como seus objetivos. Mas, ainda que os objetivos de ambos sejam distintos (o Estado busca maximizar a receita proveniente de impostos, enquanto a burguesia busca maximizar o lucro), as ações políticas seriam orientadas pelos interesses econômicos (já que a receita pública depende do lucro privado) e, portanto, a autonomia seria ilusória. Trata-se porém de uma suposição limitada, porque as ações políticas também podem ser orientadas por interesses outros que não necessariamente os de natureza econômica, fazendo parte em verdade de uma mais ampla teia de relações estratégicas, com base na "lei das reações previsíveis", ou seja, na adequação das ações recíprocas[30].

---

30 Ibidem, pp. 162-172.

As variações teóricas continuam com o papel da revolução e de seus sujeitos históricos na transição do capitalismo para o comunismo. Entre 1848 e 1850, Marx se põe na via ultra esquerdista, entre 1865 e 1875 ameniza essa posição e nos últimos anos passa a defender uma transição pacífica do capitalismo para o comunismo, via sufrágio universal. Isso se explica por variados motivos, a saber: 1) na perspectiva causal do materialismo histórico, a revolução ocorreria no momento em que as forças produtivas se tornassem ótimas, ou seja, quando as relações de produção propriamente comunistas estivessem desenvolvidas, o que pressupõe uma expansão técnica sem precedentes, mas isso não é plausível, porque tal quadro somente é possível em relações de produção capitalista eficientes e dinâmicas, sendo pouco provável que nessas condições os trabalhadores sacrifiquem os ganhos de longo prazo com as vantagens de curto prazo; 2) na perspectiva cronológica do materialismo histórico, a revolução ocorrerá quando as forças de produção capitalista refreiarem o progresso técnico continuado, circunstância igualmente implausível, porque os eventos históricos demonstraram que o momento ascendente da classe explorada não coincide com o momento descendente da classe exploradora, a menos que ambas agissem de forma irracional, coisa que tampouco pode ser deduzida de forma razoável. Tanto assim que a suposição de que a primeira revolução comunista ocorreria no país capitalista mais avançado foi substituída pela suposição de que o capitalismo avançado apresentaria as condições objetivas para a revolução, ficando o capitalismo atrasado com as condições subjetivas; 3) ocupação proletária do poder, obtenção de uma maioria para a causa operária e transformação da sociedade são objetivos que se apresentam em ordem dissonante: (i) primeiro ocorre a ocupação do poder, depois a mudança da sociedade e finalmente a obtenção da maioria (estratégia de Lenin, acompanhada por Marx), (ii) primeiro ocorre uma transformação interna da sociedade, criando-se assim uma maioria e por fim a ocupação meramente formal do poder (estratégia reformista, exposta em O Capital), (iii) primeiro ocorre a formação da maioria, depois a tomada do poder e finalmente a transformação da sociedade (estratégia da revolução majoritária, preferida por Marx)[31].

No caso da ideologia, Marx sustenta que ela faz parte da superestrutura, funcionando como mecanismo de profusão de dissonância cognitiva, ou seja, como mecanismo de manutenção de uma falsa consciência inibitória da plena consciência de classe, tendente a manter a dominação da classe dominante sobre a classe dominada. As ideologias são tendências capazes de resistir à crítica e à refutação, e as forças que a conformam são os interesses da primeira classe, diferindo assim do conceito freudiano de falsa consciência (é o interesse da própria pessoa que distorce seu pensamento) em três pontos, a saber: 1) enquanto em Freud a falsa consciência é pessoal, em Marx a falsa consciência se refere a uma classe, mas não há resposta sobre como "...o interesse da classe dirigente supostamente conforma as posições dos outros membros da sociedade", porque uma coisa é uma classe se favorecer das ilusões já presentes ou autogeradas por outra classe, e outra é uma classe gerar ilusões em outra para dominá-la; 2) enquanto em Freud a falsa consciência está baseada em causas próprias, genéticas e individualizadas, em Marx ela tem causa é externa, ainda quando ad-

31 Ibidem, pp. 177-182.

mite que as ideologias podem surgir espontaneamente; 3) enquanto em Freud a falsa consciência tem por objeto o próprio indivíduo, em Marx ela tem por objeto a sociedade. A falsa consciência da psicanálise pressupõe automistificação, porque o indivíduo mantém uma relação inconsciente com a causa de seu engano, mas na ideologia isso não ocorre, e por isso a reconstrução coletiva da verdade não pode se dar por métodos freudianos. Em Marx, as atitudes ideológicas importantes são de três tipos: 1) atitudes afetivas podem ser formadas por processos igualmente afetivos, caso em que as pessoas ajustam suas aspirações ao que lhes parece viável, como se passa com a religião como "ópio do povo", ou seja, como elemento de conformação com suas condições materiais; 2) atitudes cognitivas podem ser formadas por processos motivacionais, como se passa com as escolhas de visões de mundo diferentes; 3) atitudes cognitivas pode ser formadas por distorções também cognitivas, como se passa com a posição de classe e com o interesse de classe. Curiosamente, a posição de Marx sobre a ideologia diverge de sua teoria geral, conforme a qual as ideias dominantes são aquelas que servem aos interesses da classe dominante, porque (i) enquanto o interesse ideológico é causal, o interesse de classe é funcional, e (ii) o interesse ideológico afeta tanto a posição de classe quanto o interesse de classe, porque os membros da classe dominante também podem ser vítimas do mesmo mecanismo de obliteração da verdade[32].

Uma teoria ainda útil é a versão de Marx para as ideologias políticas, que relaciona interesses específicos de classe com os interesses gerais da sociedade. A premissa

32 Ibidem, pp. 187-192.

dessa teoria é a de que representantes ideológicos de uma classe tendem a supor que os interesses gerais da sociedade serão melhor realizados por meio da promoção dos interesses da classe, mas suas propostas de ação não podem ser apresentadas desse modo, porque o auto-interesse tem baixa capacidade de gerar adesão caso não esteja de algum modo ligado ao interesse geral. Segue-se que é necessário apresentar propostas de ação que, não obstante atendam a interesses de classe, estejam também conectadas com o interesse geral. Isso acaba por convencer os representantes de classe e seus próprios membros de que há então uma identidade entre seus interesses com os interesses gerais, por três razões: 1) argumento da seleção natural: somente líderes que acreditam em sua versão ideológica são capazes de obter adesão externa; 2) argumento psicológico: quem defende interesses gerais ocultando interesses de classe acabará por acreditar no que diz; 3) argumento do mal menor: quando comparados a um mal maior, interesses de classe podem facilmente ser atendidos via interesse geral, quando este se apresenta como um mal menor. Elster adverte, contudo, que nem sempre o sucesso dessa formulação representa estabilização dos interesses alcançados, exemplificando com o caso do liberalismo, que ao extinguir os privilégios do clero e da nobreza do estado estamental, em favor dos interesses da burguesia, depois viu os interesses burgueses contrariados pela abertura à democracia[33].

Quanto à religião, Marx a entende como uma forma de animismo, ou seja, como uma projeção do homem para o divino e deste para o homem, explicando-a assim no contexto

33 Ibidem, pp. 192-195.

da alienação: assim como na economia o homem se torna escravo das coisas que produz diante de sua sujeição ao capital pelo trabalho, na religião ele se torna escravo a um ser divino imaginário. Em outras palavras, a ação humana adquire existência independente por força de uma inércia social ou psicológica. Esse estado somente desaparecerá com o fim da propriedade privada, junto com a religião e outras condições concorrentes: a miséria, o domínio de classe e a relação de produção capitalista. Em Marx, porém, a religião assume duplo significado: inicialmente, ao dizer que a religião é o ópio do povo, sugere-se que ela é espontânea e atende ao próprio indivíduo na redução da dissonância cognitiva; depois, a religião aparece como um instrumento servil dos interesses da classe dominante, por encorajar a covardia, o auto desprezo, o rebaixamento, a submissão e a humildade. Nessa segunda abordagem, Marx sugere que mercantilismo e protestantismo se conectam pela obsessão protestante pelo entesouramento do dinheiro por meio do ouro e da prata, e que mercantilismo e catolicismo se conectam pelo significado sobrenatural dado a relíquias e objetos. O problema está em conectar diretamente o capitalismo a qualquer forma de religião ou, o que é pior, a uma religião específica, porque não existem evidências históricas de exploração da mão de obra via religião, inclusive porque os capitalistas teriam também de professar uma fé sincera a ponto de provocar a adesão em massa dos trabalhadores[34].

Por fim, Elster enumera os pontos da teoria de Marx que não mais se sustentam, (i) seja porque suas premissas eram verdadeiras no tempo em que concebidas, mas não mais vá-

34 Ibidem, pp. 200-203.

lidas atualmente, (ii) seja porque suas premissas não eram verdadeiras no tempo em que concebidas, sem que o autor tivesse se dado conta disso, (iii) seja porque suas premissas não eram verdadeiras no tempo em que concebidas, tendo (ou devendo ter) o autor consciência disso.

As teorias de Marx que não mais se sustentam ou se encontram mortas são: 1) o socialismo científico, porque o determinismo decorrente do materialismo histórico não podia desprezar os valores que no curso da história interferem no seu resultado, como se passa, por exemplo, (i) com o papel do indivíduo na história, já que ele varia a depender de sua posição nas relações sociais e, assim, não pode ser incluído ou excluído necessariamente dos desígnios do determinismo, e (ii) com a inevitabilidade do comunismo como fim da história, porque ou bem a história está predeterminada a chegar a tal destino, sem qualquer intervenção, ou ela precisa dessa intervenção para ocorrer e, assim, nada tem de determinista; 2) o materialismo dialético, especificamente fundado no materialismo filosófico, porque da afirmação "o ser determina a consciência" não decorre que as ideias poderiam ser ao mesmo tempo separadas da estrutura econômica e, ao mesmo tempo, capazes de gerar impacto sobre ela; 3) a teleologia e o funcionalismo, respectivamente porque (i) enquanto a teleologia explica o meio pelo fim, a ciência explica o fim pelo meio, ou seja, uma ciência determinista da história por conceito não pode ser aplicada coerentemente pelos fins, mas por uma relação de causa e efeito, e porque (ii) os benefícios gerados ao capital por determinadas instituições ou padrões de comportamento não são suficientes para explicar porque isso ocorre, já que outras causas e mecanismos explicativos podem ser encontrados; 4) parte da teoria econômica, relativamente (i) ao valor-trabalho, porque ele nem explica e nem define o preço da mercadoria, que é estabelecido antes de se deduzir o valor-trabalho e pode até mesmo ser definido sem ele, e (ii) ao declínio da taxa de lucro como resultado de técnicas poupadoras de trabalho (por exemplo, sua avaliação acerca dos cercamentos britânicos do séc. XVIII estava errada, porque ali não houve poupança de mão-de-obra e o crescimento da força de trabalho industrial ocorreu por conta do aumento geral da população), porque "...Marx negligenciou o fato de que mesmo a introdução de técnicas poupadoras de trabalho tem o efeito indireto de depreciar o valor do capital constante, o que freia e possivelmente inverte a tendência declinante da taxa de lucros"; 5) as forças produtivas e as relações de produção, respectivamente porque (i) a promoção ou o inibição do desenvolvimento das forças produtivas não necessariamente decreta a ascendência ou a descendência das relações de propriedade, do mesmo modo que as relações de propriedade não são determinadas pela maximização do excedente, e porque (ii) a transição da escravidão para o feudalismo seria capaz de gerar mais a maximização do excedente do que o aumento da taxa de inovação[35].

Por outro lado, permanecem vivas as seguintes teorias: 1) do método dialético, porque ele explica satisfatoriamente a oposição entre interesses individuais e coletivos em uma sociedade econômica marcada pela oposição entre capital e trabalho; 2) da alienação e da concepção de bem viver, porque esta última pressupõe, no campo do individualismo ético, que o indivíduo é capaz de se auto-realizar sem compromisso com a auto-realização coletiva e, mesmo as-

35 Ibidem, pp. 206-214.

sim, favorecê-la, porque ao promover seu potencial criador o indivíduo obtém auto-respeito e ao fazer o mesmo ao lado de outras pessoas, inseridas em uma economia de escala, o incremento da criatividade acaba por beneficiar a todos, podendo "...servir de guia à reforma industrial e, mais ambiciosamente, à transformação social econômica em larga escala"; 3) da exploração e da justiça distributiva, respectivamente porque (i) ela fornece boa orientação sobre o que é certo e o que é errado, especificamente quando se investe mais trabalho do que o necessário parar se produzir os bens a serem consumidos, implicando assim (ii) um critério de justiça distributiva baseado na premissa de que "a cada um de acordo com sua contribuição", a ser corrigido apenas em caso de necessidades especiais; 4) da mudança técnica, porque permanece existente na relação capital/trabalho a avaliação capitalista sobre a capacidade de resistência dos empregados e ela pode afetar a decisão empresarial sobre introduzir ou não novas tecnologias, a depender do que isso pode afetar a solidariedade e o poder de barganha dos trabalhadores (para além dos custos da própria inovação); 5) da consciência de classe, da luta de classe e da política, porque embora não seja explicável a adesão dos trabalhadores a um novo arranjo social apenas diante da promessa de um aumento da taxa de inovação, a teoria das classes permite compreender o conflito social e as condições nas quais as classes podem agir de modo coordenado, convertendo-se de atores individuais em atores coletivos. Além disso, a simbiose entre Estado e capital (terceira teoria do Estado) mostra que "...o Estado depende estruturalmente da classe capitalista, pelo simples fato de que seu auto-interesse o obriga a levar em alguma conta o interesse dessa classe"; 6) da ideologia, na parte em que permite testar "...a ideia de que a percepção que os agentes econômicos têm da causalidade econômica depende de sua posição no sistema econômico"[36].

3.7. ANARQUISMO

A palavra anarquia provém do grego e significa "sem governo". Já a corrente que a defende prega basicamente (i) uma sociedade de plena autonomia individual, (ii) contra qualquer ordem ou autoridade superior, (iii) em nome da liberdade absoluta do indivíduo (libertarismo), sujeita apenas à opinião (dos pequenos grupos que a formam) e ao senso comum.

Suas principais características são: (i) a reação ao conceito de autoridade do racionalismo iluminista (acolhido no campo político e depois rejeitado no plano individual) e à teoria do contrato social; (ii) a negação do presente, com indicação de uma ruptura revolucionária; (iii) a recusa da autoridade (expressa o poder, que condiciona as escolhas individuais), do Estado (órgão de repressão, que intervém na vida do indivíduo) e da lei (instrumento de opressão dos ricos contra os pobres); (iv) a rejeição da propriedade privada; (v) a gestão da nova sociedade se fará de (a) forma comunitária, por meio (b) do cooperativismo, (c)das assembléias e (d) da autogestão, de baixo para cima, e com base na seguinte estrutura: indivíduo ou família, comuna, federação e confederação, até a "federação anárquica universal".

Durante o tempo, o anarquismo se apresentou e se dividiu em 3 (três) tipos, a saber: 1) anarquismo individualista: a base da nova sociedade (não organizada e independente) é o indivíduo; 2) anarquismo comunista: exige o sacrifício individual (econômico) em nome da liberdade social, mediante

36 Ibidem, pp. 214-219.

organização comunitária dos meios de produção e com distribuição do resultado de acordo com as necessidades de cada um, porém sem a consciência marxista de classe; 3) anarquismo coletivista: dissidência do anterior, que refuta a distribuição do resultado, para que cada um usufrua de seu produto.

Em qualquer uma dessas concepções, o anarquismo apresenta as seguintes contradições: 1) ao defender a revolução, o anarquismo aceita o autoritarismo da força; 2) as assembléias pressupõem uma elite de dirigentes que, por conceito, se transforma em uma nova autoridade capaz de manipular a opinião[37].

3.8. FASCISMO

O fascismo consiste em um sistema autoritário de dominação, caracterizado pela/pelo: (i) monopolização da representação política, por meio de um partido único de massa, (ii) ideologia fundada no culto do chefe, (iii) exaltação da coletividade nacional, (iv) desprezo dos valores do individualismo liberal, (v) ideal da colaboração entre as classes, (vi) oposição ao socialismo e ao comunismo, dentro de um sistema corporativista, (vii) objetivo de expansão imperialista, (viii) mobilização das massas por meio de organizações tendentes a uma socialização política planificada, (ix) aniquilamento das oposições, pelo uso da força e do terror, (x) controle das informações e dos meios de comunicação de massa, (xi) dirigismo estatal da economia privada, (xii) integração à estrutura estatal de todas as relações (econômicas, sociais, políticas e culturais).

---

37 BRAVO, Gian Mario. In: BOBBIO, Norberto, MATTEUCCI, Nicola e PASQUINO, Gianfranco (Org.). *Dicionário de Política*. Brasília: UNB, 1998, pp. 23-29.

Dois tipos de fascismo foram identificados em países específicos: (i) o italiano, marcado pelo radicalismo de esquerda e de caráter revolucionário, e (ii) o alemão (nacional-socialismo), marcado pelo radicalismo de direita e de caráter reacionário.

O fascismo se apresentou sob variadas formas, a saber: 1) como movimento político, pregou a ruptura com o passado, realçada com o papel da classe média emergente (pequena burguesia), em confronto com a burguesia e o proletariado; 2) como regime, expressou o compromisso entre os novos dirigentes e as velhas classes políticas para a delegação da gestão do poder; 3) como ditadura da burguesia, foi o movimento de ascensão da burguesia ao poder, sem a mediação do parlamento, por meio da transformação imperialista das instituições, caracterizando-se: (i) por um partido único de massa, formado predominantemente pela pequena burguesia, (ii) pelo bonapartismo, ou seja, pela cessão temporária do poder político pelas classes dominantes a uma terceira força, relativamente autônoma; 4) como totalitarismo, foi um movimento de sujeição dos regimes fascista e comunista ao Estado totalitário, caracterizado: (i) por uma ideologia oficial abrangente de todas as relações sociais, (ii) por um partido único de massa, conduzido por uma só pessoa, (iii) por um controle policial baseado no terror, (iv) pelo monopólio estatal dos meios de comunicação, do aparelho bélico e da economia, (v) anti-pluralista; 5) como modernização, foi o movimento de transição de uma sociedade agrária tradicional para uma sociedade industrializada, caracterizado: (i) por uma industrialização incipiente, (ii) pela interferência do Estado em favor da acumulação, (iii) por um regime autoritário e repressivo, resultado da coligação entre elites agrárias e industriais, (iv) pela manutenção das estruturas sociais tradicionais, mediante repressão da mobilização social; 6) como revolta da pequena burguesia, foi o movimento de compromisso da classe média pequeno burguesa, mediante o fornecimento de quadros para o partido único de massa[38].

3.9. CORPORATIVISMO

O corporativismo propõe uma sociedade baseada na representação dos interesses das profissões (corporações), com o objetivo principal de neutralizar e remover os conflitos (i) econômico, com o fim da concorrência, (ii) social, com o fim da luta de classes e (iii) político, com o fim das diferenças ideológicas.

O corporativismo clássico correspondente ao período medieval e era fundado no monopólio da arte e do ofício dos mestres (sociedade patriarcal), tinha autonomia semi-soberana das categorias e ostentava poder de determinar as normas de comércio e de preços.

Na Revolução Industrial (final do séc. XVIII) a estrutura corporativista foi desmantelada, porque contrária à liberdade econômica de mercado (cartelização), e as novas formas associativas (modelo sindical) assumiram a gestão dos conflitos subjacentes à sociedade industrializada, de forma oposta ao modelo corporativista, que defendia a colaboração entre as classes no âmbito das categorias e uma alternativa ao regime representativo democrático.

Em reação ao liberalismo e ao sistema capitalista surgiu então o corporativismo contra-revolucionário ou tradicional, associado a uma linha católica que defendia uma sociedade estática, hierarquizada e desprovida de conflitos,

38 SACCOMANI, Edda. In: BOBBIO, Norberto, MATTEUCCI, Nicola e PASQUINO, Gianfranco (Org.). *Dicionário de Política*. Brasília: UNB, 1998, pp. 466-475.

baseada no solidarismo (supremacia do amor e do bem comum sobre os interesses particulares)[39]. Como não houve correspondência da classe empresarial, a proposta passou a ser de um modelo de associação de trabalhadores, organizados por classes, aceitando-se assim a luta de classes e a organização autônoma das categorias (princípio da representação dos interesses), com a seguintes características: (i) pluralismo (com as corporações em contraposição ao Estado) e (ii) difusão do poder.

Outra versão do corporativismo foi o dirigista, modelo fascista baseado na supremacia do interesse nacional, de caráter monista e centralizador (subordinação das corporações ao Estado), com as seguintes características: (i) contraposição ao sindicalismo (o sindicato está subordinado à corporação e esta ao Estado), (ii) unificação das forças de produtivas (capital e trabalho) sob o comando estatal, (iii) superação do dualismo entre política e economia e (iv) dirigismo econômico anti-liberal[40].

39 De acordo com Norberto Bobbio, essa concepção (cristã-social) corresponde ao pluralismo orgânico ou funcional (cada órgão executa a sua função, sem invadir a esfera de ação do outro), que pressupõe uma ordem social preestabelecida, não conflituosa e por isso estática, modelo que se opõe ao do pluralismo mecânico (liberal-democrático), que pressupõe o conflito de forças dentro da ordem social, que por isso renova os corpos intermediários entre o Estado e o indivíduo, sendo assim dinâmico (*As Ideologias e o Poder em Crise*. Op. cit., pp. 20-23).

40 INCISA, Ludovico. In: BOBBIO, Norberto, MATTEUCCI, Nicola e PASQUINO, Gianfranco (Org.). *Dicionário de Política*. Brasília: UNB, 1998, pp. 287-291.

4

ESCOLAS DE JURISPRUDÊNCIA

As chamadas escolas de jurisprudência coincidem com o período do cientificismo jurídico, de matriz cartesiana--comteana, e, além de pretenderem dar ao direito um estatuto epistemológico, almejam responder sobre a quem cabe o protagonismo de sua criação. Elas se conectam com o tema da ideologia na medida em que, ao apresentarem o direito como interpretação (oficial ou não) da realidade, reagem umas às outras a partir da pretensão da primeira delas (Escola da Exegese) de fazê-lo à imagem e semelhança de seus destinatários: os cidadãos, na visão de Rousseau, como os titulares da vontade geral e, portanto, orientadores primários das decisões parlamentares.

As escolas se apresentarão, pois, em um movimento antitético de ação e reação teórica sobre a titularidade do direito, favorecendo seu descolamento da autoimagem que a sociedade faz de si mesma e acabando por distanciar o direito da legitimidade, tema sensível da relação entre direito e moral. Esse distanciamento também dificulta a ligação entre as escolas e determinados quadros ideológicos, tamanha foi a sua ocupação com o protagonismo do direito, de modo que não será apropriado falar em predisposição ideológica da maioria delas.

4.1. ESCOLA DA EXEGESE

A Escola da Exegese data de 1804 (e se estende até 1880), mesmo ano da publicação do Código Civil francês (Código de Napoleão), que pretendia uniformizar o direito e resgatá-lo das imprecisões interpretativas e principalmente do subjetivismo dos juízes, vistos então com desconfiança como representantes do antigo regime.

Para essa escola, apenas o Estado tinha legitimidade para a criação do direito (estatalismo), por meio do Poder Legislativo, representante indireto da vontade geral dos cidadãos. Logo, cabia ao juiz apenas aplicar a lei como um direito já interpretado pelo legislador, o que implicava inicialmente no método literal e, depois, no método sistemático, já que o direito era visto também como uma unidade de sentido. Por isso, o direito se reduzia à lei e esta ao Estado[1].

De acordo com Noberto Bobbio, várias são as causas determinantes do surgimento dessa escola (que deve seu nome à interpretação exegética, ou seja, aos comentários dos artigos do código, na ordem de sua apresentação), a saber: 1) a codificação francesa passou a fornecer uma espécie de prontuário para a solução concreta dos conflitos judiciais, o que pressupunha portanto a autossuficiência do código como parâmetro das decisões judiciais; 2) a mentalidade dos juristas da época era dominada pelo princípio da autoridade, que depositava no legislador a fonte da norma jurídica; 3) a doutrina da separação de poderes, analisada de forma rígida (e, portanto, de acordo com a ideologia do Estado moderno emergente), indicava que o poder de criar o direito não competia ao judiciário, mas ao legislativo; 4) o princípio da certeza do direito (outro componente de caráter ideológi-

1 Cf. CAMARGO, Margarida Maria Lacombe. *Hermenêutica e Argumentação. Uma Contribuição ao Estudo do Direito.* Rio de Janeiro: Renovar, 2001, pp. 67-70.

co) reclamava que os cidadãos pudessem calcular seus atos previamente de acordo com as consequências jurídicas que deles adviriam, considerando-se então arbitrária qualquer obrigação "surpresa"; 5) a manipulação das faculdades de direito pelo regime napoleônico, no sentido de abandonar as teorias gerais do direito e as concepções jusnaturalistas (como a exigência de conversão de uma escola para a outra, como condição de nomeação de Morand para a escola de Paris, e a reprimenda a um professor suplente de Paris que ousou ensinar as classificações de Bentham e a história de Hugo)[2].

O mesmo autor enumera a seguir as características dessa escola: 1) inversão da relação entre direito natural e direito positivo: antes o direito natural era considerado fonte de validade do direito positivo, mas passou a ter autonomia em relação àquele, que somente tinha importância se incorporado ao sistema legal; 2) estatalismo: somente o Estado tinha legitimidade para criação do direito, necessariamente por via legislativa, do que decorre o princípio da onipotência do legislador, negando-se assim não apenas o direito natural, como também os direitos consuetudinário, judiciário e científico; 3) subjetivismo interpretativo: a interpretação judiciária estava condicionada previamente pela vontade (real ou presumida) do legislador; 4) culto do texto da lei: subordinação quase religiosa do intérprete à disposições do código; 5) princípio da autoridade: recurso a um personagem ao qual se atribui a autoria da interpretação, identificado na figura do legislador[3].

Nessa escola, portanto, o protagonismo na criação do direito é do legislador, no pressuposto (fictício) autolegiti-

---

2 *O Positivismo Jurídico, Lições de Filosofia do Direito*. São Paulo: Ícone, 1995, pp. 78-83.

3 Ibidem, pp. 83-89.

mador da representação da vontade geral dos cidadãos e no pressuposto real da manutenção da autoridade do código como fonte única e última do direito.

4.2. ESCOLA DA LIVRE INVESTIGAÇÃO CIENTÍFICA

Apesar das restrições interpretativas judiciais impostas pela Escola da Exegese, o art. 4º do Código Civil de 1804 dizia que "o juiz que se recusar a julgar sob o pretexto de silêncio, de obscuridade ou de insuficiência da lei, poderá ser acusado de denegação de justiça", o que reclamava evidentemente uma interpretação complementar do juiz nos casos de lacuna.

Em resposta à Escola da Exegese, François Gény concebeu então a Escola da Livre Investigação Científica (em 1899), que seria livre porque a pesquisa a empreender não seria de uma autoridade positiva, e científica porque baseada em elementos objetivos, extraídos de uma combinação entre direito natural (presente em máximas, decisões e doutrinas) e fatos ou fenômenos sociais observáveis (empirismo sociológico). O objeto da pesquisa, contudo, não é livre, porque apenas em casos de lacuna é que o cientista do direito poderia atuar.

Para essa atuação complementar do cientista, ele devia observar que o direito é estruturado por dois componentes, a saber: o *dado*, cuja base são os fenômenos da natureza ou os fatos sociais, e o *construído*, elemento artificial criado a partir do primeiro componente. Ao dado natural Gény acrescentou (i) o *dado racional*, expresso em regras de conduta derivadas da natureza humana e das interações sociais, e (ii) o *dado ideal*, expresso pelas aspirações éticas da sociedade[4].

4 CAMARGO, op. cit., pp. 70-75.

Nessa escola, então, o protagonismo na criação do direito é do cientista do direito, não havendo contudo explicação sobre como ele atuaria em favor ou ao lado do juiz nos casos de lacuna. Considerando que as lacunas em geral surgem no choque entre a abstração da lei e a concretude dos casos a resolver, ou o juiz atuaria ele mesmo como cientista, colmatando as lacunas, caso em que a pesquisa não seria propriamente livre, ou o cientista teria de ser capaz de antever as lacunas para fornecer ao juiz a interpretação cientificamente correta, caso em que a pesquisa não seria científica, porque não baseada na observação de dados sensíveis.

4.3. ESCOLA HISTÓRICA DO DIREITO

Ainda no séc. XIX, mas agora na Alemanha, surgiu a Escola Histórica do Direito, um movimento de reação ao iluminismo racionalista, baseado na filosofia historicista e no romantismo, que pregavam, respectivamente, que a verdade podia ser encontrada na realidade concreta das manifestações espontâneas e que a sensibilidade podia substituir a razão. Em resumo, refutava-se a abstração da razão para explicar as relações causais dos fatos concretos, que deviam ser analisados a partir da tradição histórica e cultural. O Estado e a sociedade não eram atribuídos à passagem figurativa do estado de natureza para o estado civil, e o direito natural não era mais expressão de uma racionalidade intrínseca, mas o produto de uma sociedade determinada historicamente e, portanto, particular, e não universal.

Entre os fautores dessa corrente estavam os pandectistas, que interpretavam os institutos jurídicos encontrados no Código de Justiniano (*Corpus Iuris Civilis*) de acordo com os costumes germânicos, como forma de compensar a falta de um código civil na Alemanha.

A proposta pandectista de um código provocou a reação contrária de outro historicista, Friedrich Carl von Savigny, para quem ele se confundia não apenas com o despotismo, como também com o racionalismo, se opondo por isso aos costumes. O código implicaria assim em quebra da tradição histórica. Para Savigny, o legislador não criava o direito (que tem três formas de manifestação: popular ou espontânea, científica e legislativa), porque sua base causal estava nos costumes do povo, verdadeiro sujeito da história. O instrumento apropriado para conferir certeza ao direito é a ciência, sendo tarefa do cientista interpretar o espírito do povo (*wolksgeist*), mais especificamente a sua convicção ou consciência jurídica, extraída da intuição jurídica das práticas culturais. Para tanto era necessário adotar métodos combinados de interpretação: gramatical, lógico, histórico e sistemático. Em um primeiro momento, Savigny sugere que a interpretação devia revelar a intenção do legislador, mas depois passou a defender que a interpretação da lei devia estar baseada nos institutos jurídicos, que expressariam a convicção popular[5].

5 Ibidem, pp. 75-85 (p. 81 para a citação literal). Na opinião de Noberto Bobbio, Savigny seguiu as 5 (cinco) principais características do historicismo, que tem origem em Justus Möser e em Gustavo Hugo, ambos da segunda metade do séc. XVIII: 1) refutação do caráter estável e geral da natureza humana em favor de suas mutabilidade e individualidade: o direito não é uniforme e tampouco uma ideia racional, mas produto da história; 2) a história não é determinada pela razão, mas pela emoção ou sentimento (romantismo): o direito nasce do sentimento de justiça, que se encontra nas formas jurídicas primitivas de cada sociedade particular; 3) pessimismo antropológico: as inovações jurídicas devem ser vistas com desconfiança, sendo antes necessário conservar os ordenamentos já existentes; 4) elogio e amor pelo passado: para além da recepção do direito romano, era necessário remontar ao antigo direito germânico;

Para Karl Larenz, contudo, na fase inicial de seu pensamento Savigny não sugeriu propriamente que a interpretação revelasse a intenção do legislador, porque a atividade do intérprete, mesmo quando se coloca na posição do legislador para reconstrução do pensamento contido na lei, se manifestaria na dimensão espiritual própria do sujeito cognoscente. Nessa primeira fase, Savigny identificava a ciência com a ideia de sistema e o direito com a lei (ficando assim na linha do positivismo legalista), defendendo a aplicação de apenas três métodos de interpretação (lógico, gramatical e histórico) e rejeitando as interpretações extensiva, restritiva e teleológica. Mais tarde, porém, Savigny passou a considerar não mais a lei como fonte primária do direito, mas sim a comum convicção jurídica do povo, encontrada nos institutos jurídicos, que, por sua vez, fazem parte de um sistema de "natureza orgânica". O intérprete, então, devia partir da intuição do instituto jurídico para encontrar o fundamento último das regras legais. Considerando porém que também o legislador se norteou pela mesma intuição, era necessário proceder em dois níveis: da intuição do instituto para a forma abstrata da regra e desta para a intuição origina-

5) amor pela tradição: o costume é a forma particular por excelência de criação do direito, capaz de melhor exprimir o sentimento ou o espírito do povo. De acordo com Bobbio, a terceira característica acentua "...a matriz ideológica e social do historicismo, que é estreitamente ligado a interesses e uma mentalidade conservadores...", porque a refutação do futuro e o retorno ao passado ocorrem em nome da manutenção do *status quo ante*, tal como revelado no conceito de prescrição histórica de Edmund Burke: "como o exercício de fato de um direito por um longo período de tempo faz adquirir tal direito mesmo se originariamente o seu exercício não se fundasse num título jurídico válido...Assim, com referência às revoluções ocorridas na França, Burke defende o princípio de legitimidade e a hereditariedade dos cargos" (op. cit., pp. 45-53).

ria. Aqui, aos métodos de interpretação anteriores Savigny acrescentou o método sistemático. Em resumo, de acordo com Larenz,

> Ao passo...que o escrito de juventude entende o sistema jurídico exclusivamente como um sistema de regras jurídicas - que se encontram entre si numa tal ligação lógica que as regras especiais se vêem como brotando de certas regras gerais, às quais podem ser reconduzidas -, a obra da maturidade parte ao invés da ideia do nexo "orgânico" entre os "institutos jurídicos" que vivem na consciência comum...Na obra da maturidade, Savigny liberta-se da estrita vinculação ao teor literal da lei defendida no seu escrito de juventude, em favor de uma consideração mais vigorosa do fim da lei e do nexo de significações fornecidas pela global intuição do instituto[6].

Como se percebe, em Savigny há uma certa imprecisão sobre a relação causal da lei: se ela é o resultado da vontade do legislador, ele é que teria legitimidade para interpretar o espírito do povo, mas se ela é o resultado de certos institutos jurídicos compartilhados pelo povo e apenas revelados pelo legislador, apenas o historicista científico teria aquela legitimidade. Mas essa ambiguidade não é a única, porque ao defender a ideia de direito como sistema, Savigny favorece o surgimento de um novo racionalismo (conceitualista), desvinculado de particularidades históricas e, portanto, universalizável.

Nessa escola, o protagonismo do direito está com os professores ou doutrinadores, que são aqueles que detêm conhecimento dos conceitos extraídos dos institutos jurídicos.

---

6 *Metodologia da Ciência do Direito.* Lisboa: Fundação Calouste Gulbenkian, 1997, pp. 9-19.

4.4. JURISPRUDÊNCIA DOS CONCEITOS

Discípulo de Savigny, Georg Friedrich Puchta dele diverge ao assumir explicitamente que o direito deriva de uma genealogia de conceitos, construídos por operações lógico indutivas e dedutivas: de uma indução se chega aos princípios e destes, por dedução, se chega aos conceitos. Não se abandona, porém, a recorrência ao espírito do povo, mas ele passa a ser apenas uma fonte hipotética do direito.

Ocorre assim um retorno à abstração, por meio da pesquisa da relação causal de inferência entre princípios e conceitos, e daí em diante entre conceitos gerais e conceitos específicos, em uma pirâmide de conceitos, tendente a conferir maior certeza e autonomia científica para o direito.

Como resultado do raciocínio dedutivo, segue-se a subsunção como mecanismo de aferição do enquadramento dos fatos concretos na previsão legal abstrata, reduzindo-se assim a realidade às regras jurídicas, em busca da maior objetividade possível para a interpretação.

Essa escola é considerada a origem da dogmática e do positivismo jurídicos[7].

De acordo com Karl Larenz, assim como Savigny, Puchta também parte da ideia de sistema, mas não no sentido organicista (visto o todo como uma unidade de suas partes, comparável a um círculo, em que os elementos gravitam em torno de um centro), e sim abstrato, ou seja, a unidade do todo se faz por meio de uma escala conceitual, tendo no ápice um conceito geral abstrato suprapositivo (não podendo com isso ser qualificado como positivista), em específico

7 CAMARGO, op. cit., pp. 86-88.

um *a priori* que Larenz identifica no conceito kantiano de liberdade, do qual o autor em exame deduz "...o conceito de sujeito de direito como pessoa (em sentido ético) e o direito subjetivo como poder jurídico de uma pessoa sobre um objeto". O problema é que na dedução dos conceitos inferiores "...a substância ética do conceito-chave se reduz progressivamente, a tal ponto que vem a tornar-se, em último termo, irreconhecível". Em resumo, a combinação de uma lógica formal de conceitos com uma metodologia lógico-dedutiva favoreceu o surgimento do formalismo jurídico[8].

Nessa escola (cujo nome foi dado por Philipp Heck, e não por Puchta), portanto, o protagonismo do direito somente pode ser atribuído aos "cientistas" do direito, e sua vinculação ao conceito de liberdade de Kant a coloca intrinsecamente ligada ao liberalismo.

Diante do método dedutivo e da pirâmide de conceitos, Hans Kelsen poderia ser considerado um dos membros dessa tradição, não fosse o fato de ter expressamente dito o contrário em seu principal trabalho[9]. Mais recentemente, um autor que se disse expressamente egresso da tradição dessa escola é Robert Alexy, em sua Teoria dos Direitos Fundamentais[10].

4.5. JURISPRUDÊNCIA DOS INTERESSES

Antes um dos fautores da jurisprudência dos conceitos, Rudolf von Jhering passa a criticá-la, opondo o pragmatismo à lógica dedutiva ao defender que o direito tem um fim que deve ser atingido na prática, como resultado de uma relação entre o Estado e o titular de um direito subjetivo ofendido. Em ou-

8 Op. cit., pp. 21-29.

9 *Teoria Pura do Direito.* São Paulo: Martins Fontes, 1991, p. 370.

10 *Teoría de los Derechos Fundamentales.* Madrid: Centro de Estudios Políticos y Constitucionales, 2001, p. 46.

tras palavras, o direito não é criado por conceitos abstratos, mas por fins orientados por interesses. A justiça expressa então o direito em movimento, sendo mais importante o direito subjetivo do que o direito objetivo. Isso implica necessariamente na adoção do método interpretativo teleológico.

De acordo com Karl Larenz, na primeira fase Ihering sustenta que a função sistemática da ciência do direito (ligando novamente sistema e ciência) consiste em desmontar os elementos lógicos dos institutos e das proposições jurídicas, para deles extrair as normas, premissa que depois abandona ao reconhecer que as proposições jurídicas e os conceitos que delas derivam se transformam com o tempo, o significa dizer que não é mais possível considerar os conceitos jurídicos básicos como alicerces últimos do direito, porque esses alicerces devem ser pesquisados nas razões psicológicas, práticas, éticas e históricas dos conceitos. Em uma terceira fase é que Ihering liga o direito a um fim, mas não ao fim do direito como um todo, e sim aos fins práticos das proposições. Para Larenz, em verdade Ihering se refere ao fim almejado por um sujeito histórico, que não é o legislador, mas sim a sociedade, funcionando o direito como regra que assegura as condições de existência da sociedade, por meio do poder coativo do Estado. A pauta básica que orienta cada sociedade é a "exigência de felicidade", que corresponde por sua vez àquilo que a sociedade considera útil e relevante para o bem-estar de seus membros. Em outras palavras, Jhering apresenta não apenas um pensamento telelógico a seu modo, como também um utilitarismo social, que faz do direito apenas "...o joguete dos interesses que em cada caso são dominantes na sociedade"[11].

11 Op. cit., pp. 29-33 e 55-63.

O pragmatismo sociológico de Jhering é depois incorporado por Philipp Heck, que dá origem à jurisprudência dos interesses. Para ele, o direito é o resultado de uma coordenação estatal dos vários interesses sociais (necessidades da vida) em conflito, expressos abstratamente na lei (tutela geral), sendo que no caso concreto cabe ao juiz confrontá-los com os interesses em jogo (tutela particular), valendo-se de sua própria experiência. Trata-se então de restabelecer a relação causal da lei com os interesses gerais que ela trata de conciliar, para depois dela se estabelecer a relação causal entre a lei e os interesses concretos em jogo. Por isso, Heck diz que a interpretação jurídica é feita pela explicitação de causas e que seu método por excelência é o histórico.

Nas duas operações causais supra mencionadas, não cabe ao juiz acrescentar qualquer valoração pessoal na hipótese de a lei ser clara o suficiente para a resolução do caso concreto, caso em que a valoração do legislador sobre os interesses gerais prevalece sobre a valoração particular do juiz. Contudo, se a lei for obscura ou contraditória, vale dizer, se houver lacuna, pressupõe-se que ela autoriza o juiz a valorar a relação causal mais adequada para a solução do caso, priorizando assim os interesses concretos sobre os interesses gerais[12].

De acordo com Karl Larenz, a jurisprudência dos interesses possui duas fases, a saber: uma primeira (com Heck), na qual se manifesta a teoria genética dos interesses, que recomenda ao juiz, na solução de um caso concreto, que restabeleça a relação causal fática entre os interesses sociais determinantes e a lei, e uma segunda (com Heck e Stoll), na qual

12 CAMARGO, op. cit., pp. 92-100.

se recomenda ao juiz, na solução de um caso concreto, que restabeleça a relação causal entre o juízo de valor feito pelo legislador sobre os interesses sociais em conflito, que determinaram a edição da lei, e o ideal social que ela devia servir. O juiz está vinculado aos juízos de valor do legislador nos casos em que a solução do caso concreto depender apenas do restabelecimento daquela relação causal (valorativa), podendo acrescentar a sua valoração pessoal apenas nos casos de lacuna, seguindo em linhas gerais os princípios de valoração contidos na lei. Nessa segunda fase, diz Larenz que "...com a introdução do conceito de valor, a simples consideração'causal' das normas jurídicas vem a ser efetivamente abandonada", ou por outra, "...o que resta, no fim das contas, é que a ciência do direito é qualificada agora de'investigação de valores'"[13].

Em resumo, pontua-se o seguinte: 1) a substituição de um processo causal empírico ou pragmático (interesses gerais/lei X lei/interesses concretos) por um processo subjetivo ou valorativo (interesses orientados por valores gerais X interesses orientados por valores particulares) mais adiante dará origem à jurisprudência dos valores; 2) a escola em exame se aproxima da ideologia liberal individualista no caso das lacunas, diante da prioridade dos interesses particulares sobre os interesses gerais, em sentido oposto ao utilitarismo de Jhering, que o coloca na linha do liberalismo social de John Stuart Mill; 3) essa aproximação é ainda mais sugerida quando se dá conta de que os interesses sociais em

13 Op. cit., pp. 63-77. Mais adiante, Larenz resume 3 (três) sentidos da relação causal em exame, ao mencionar a dificuldades dessa escola na definição de interesse, que "...era ora entendida como o'fator causal'da motivação do legislador, ora como objeto das valorações por ele empreendidas e, por vezes mesmo, como critério de valoração" (ibidem, p. 163).

conflito, determinantes da lei, correspondem a uma realidade concreta, e esta, na época da formulação e desenvolvimento da escola (primeira metade do séc. XX), se insere na passagem do estado liberal para o estado social, o que a põe sob a suspeita de favorecer o *status quo ante*, diante do apelo ao método histórico de interpretação.

4.6. MOVIMENTO PARA O DIREITO LIVRE

O movimento para o direito livre não constitui propriamente uma escola de jurisprudência, como as anteriores, mas sim uma dissidência da jurisprudência dos interesses, sem uma bandeira uniforme. De forma geral, foi um movimento de antagonismo com o historicismo e seu recurso à tradição.

Basicamente, três autores se enquadram nesse movimento, cada um com sua percepção particular do direito livre, a saber: 1) Oskar Bülow (1885), para quem a lei não apresenta respostas prontas para os casos concretos e, portanto, cabe ao juiz um papel criador (e, nesse sentido, livre) na determinação da regra concreta de solução do litígio, ou seja, não é propriamente a lei que cria o direito, mas a decisão judicial; 2) Eugen Ehrlich (1903), para quem o trabalho interpretativo do juiz não se reduz à interpretação da vontade do legislador, mas à análise do litígio de acordo com os fatos sociais (incluindo a moral e os costumes) que lhe dão origem e com os institutos jurídicos, que constituem o direito, ou seja, não é a lei que cria o direito, mas as instituições jurídicas; 3) Herman Kantorowicz (1906), para quem o Estado não é o único criador do direito, porque antes dele deve ser considerado o direito natural que surge espontaneamente na sociedade civil, mais especificamente na opinião da comunidade jurídica, nas decisões judiciais e na ciência do direito, de modo que, quando a lei não for suficiente para a solução do caso concreto, o juiz pode criar a regra de solução do litígio.

Como se percebe, trata-se de uma corrente muito difusa de pensamento, mas que tem no juiz a figura central da atualização do direito legal estático diante de uma sociedade dinâmica[14]. Assim, o protagonismo na criação do direito estaria com o juiz.

4.7. NORMATIVISMO FORMALISTA DE HANS KELSEN

Em Teoria Pura do Direito, Kelsen repudia qualquer ligação com a jurisprudência dos conceitos, ao repelir a possibilidade de se obter direito novo com base em interpretação cognoscitiva, no pressuposto de que apenas atos de vontade de autoridades estatais podem criá-lo, ou seja, o direito para ele não pode ser criado pelos professores ou pelos doutrinadores, que não são autoridades competentes em um sistema deontológico de normas de conduta.

De acordo com Norberto Bobbio, a teoria formalista de Kelsen tem cariz neo-kantiano, porque não atribui ao direito qualquer objetivo concreto de promoção de interesses determinados, mas apenas a forma abstrata para alcançá-los,

14 Ibidem, pp. 100-103. Karl Larenz acrescenta ao rol de adeptos dessa escola o pensamento de Hermann Isay, segundo o qual: 1) a decisão judicial se baseia num "sentir de valores", que por conceito é irracional, já que o valor da justiça não pode ser apreendido pela razão; 2) o sentimento jurídico se antecipa à decisão, reclamando porém ponderações metodicamente conduzidas. O que esses autores todos têm em comum é o fato de reclamarem uma atividade criadora do direito para o juiz, porém dirigida pelo conhecimento (op. cit., pp. 77-83).

lembrando que, em Kant: (i) o estado de direito liberal assegura a liberdade do indivíduo, definindo apenas a forma de criação do direito, e não o seu conteúdo, (ii) a coerção é o elemento que torna perfeita a norma que assegura aquela liberdade, sem a qual ela não passa de um direito natural, e (iii) o contrato social é uma ideia racional, que pressupõe o consenso apenas como dever-ser, com o que se depura daquela figura qualquer direito de resistência ativo (direito à revolução)[15].

Kelsen também nega o direito de resistência ativo, dizendo que ele não passa de um crime de alta traição caso a revolução (ou golpe de estado) não seja bem sucedida, mas

15 *Direito e Estado no Pensamento de Emanuel Kant*. Brasília: UNB, 1997, pp. 68-70 (sobre ser neo-kantiano), 76-79 e 136 (sobre a coerção), 124-129 (sobre o contrato, o consenso e o direito de resistência) e 136 (sobre o direito como forma, e não como conteúdo). Bobbio também ressalta, em outro livro, a conexão possível de Kelsen com Hobbes. Também Hobbes negava o direito de resistência ativo, como visto anteriormente (item 3.1), e, para ele, o fundamento de validade do direito produzido pelo estado civil era o direito natural, mais precisamente o que recomendava que, para ter segurança e assim alcançar o fim da própria lei natural, os indivíduos deviam deixar-se governar pelo direito positivo (op. cit., p. 107). Contudo, as leis naturais seriam genéricas e vazias de conteúdo, que somente o poder civil podia preencher, de modo que "...apenas o poder civil determina - sem depender de nenhuma lei superior - o que é lícito e o que é ilícito. Trata-se de uma posição que poderia ser plenamente subscrita pelo mais rigoroso teórico contemporâneo do positivismo jurídico, Hans Kelsen, para quem não há uma matéria pré-constituída à lei positiva..." (ibidem, pp. 114-115). Em outras palavras, Hobbes é "...positivista por inclinação e por raciocínio, mas jusnaturalista por necessidade...", porque se valeu do direito natural apenas para conferir legitimidade ao poder do soberano (ibidem, pp. 108 e 125). Para ele, a norma que fundamenta a ordem jurídica civil é a lei natural que prescreve a obediência ao soberano a quem foram transferidos os direitos renunciados no primeiro pacto, diferindo aqui de Kelsen, porque essa norma não é evidente em si mesma, embora derive de outra norma (neste caso anterior, e não necessariamente superior) (ibidem, pp. 124 e 127).

reconhece que em caso de sucesso da revolução uma nova autoridade pode dar início a uma nova ordem jurídica, porque a competência da primeira autoridade histórica é pressuposta (norma fundamental de direito internacional) pela soma de sua capacidade de obter obediência de sua própria população e no seu reconhecimento posterior pela comunidade internacional. Em outras palavras, não é a religião ou o direito natural (metafísico) que confere legitimidade à primeira autoridade, mas a pressuposição de sua competência para editar uma constituição (nova ou em substituição de uma anterior) diante da soma das circunstâncias acima mencionadas. No caso da revolução bem sucedida, o princípio da efetividade (segundo o qual uma norma é eficaz enquanto a ordem jurídica na qual foi editada mantiver a sua própria eficácia) funciona como um limitador do princípio da legitimidade (segundo o qual uma norma é válida durante o tempo marcado por ela mesma para a duração de sua validade ou até quando seja substituída por outra, pelos meios por ela previstos)[16].

O recurso a uma norma fundamental permite assim que se depure do raciocínio jurídico a incômoda resposta sobre a origem do poder e sobre a legitimidade da autoridade política editar uma constituição, que não passa assim de uma norma que deriva sua fonte de validade de uma simples pressuposição: válida é a ordem jurídica cujas normas de condutas são eficazes. É na norma fundamental que "...se revela a Teoria Pura do Direito como teoria jurídica positivista", onde o direito positivo é válido apenas objetivamente e onde essa validade é "condicionada pela pressuposição

16 Op. cit., pp. 223-226 e 233.

da norma fundamental". Positivo, aí, refere-se a algo "posto" (concreto) por alguém autorizado a fazê-lo por uma norma "pressuposta" (abstrata)[17].

A designação de fundamental diz respeito ao fundamento de validade do direito, enquanto ordem ou sistema de normas. Cuida-se, portanto, de um imperativo, e não de um ato de vontade constituinte, como se passa com a constituição. Ela é pressuposta[18] porque não pode ser posta no

17 Ibidem, pp. 10 (sobre a equivalência de "posto" com "positivo") e 236 (sobre a primeira parte do parágrafo).

18 Kelsen dá alguns exemplos do que seja a pressuposição: 1) p. 209: "Um pai ordena ao filho que vá à escola. À pergunta do filho: por que devo ir à escola, a resposta pode ser: porque o pai assim ordenou e o filho deve obedecer às ordens do pai. Se o filho continua a perguntar: por que devo obedecer às ordens do pai, a resposta pode ser: porque Deus ordenou a obediência aos pais e nós devemos obedecer às ordens de Deus. Se o filho pergunta por que devemos obedecer às ordens de Deus, quer dizer, se ele põe em questão a validade desta norma, a resposta é que não podemos sequer pôr em questão tal norma, quer dizer, que não podemos procurar o fundamento de sua validade, que apenas podemos pressupor"; 2) p. 209: "numa comunidade social, numa tribo, vale a norma segundo a qual um homem que toma uma mulher por esposa tem de pagar ao pai ou ao tio da noiva um determinado dote. Se ele pergunta por que é que ele deve fazer isto, a resposta é: porque nesta comunidade desde sempre se tem pago o preço da noiva, quer dizer, porque existe o costume de pagar o preço da noiva e porque se pressupõe como evidente que o indivíduo se deve conduzir como se costumam conduzir todos os outros membros da comunidade"; 3) p. 215, como exemplo de um silogismo: "devemos obedecer às ordens de Deus. Deus ordenou que obedeçamos ás ordens de nossos pais. Logo, devemos obedecer às ordens de nossos pais". Porque a norma fundamental é o "último fundamento de validade da ordem jurídica" (p. 50), e porque "o fundamento de validade de uma norma apenas pode ser a validade de outra norma" (pp. 205, 215-219), ela não passa de um recurso lógico e, portanto, a sua própria validade não pode ser posta em questão num esquema silogístico (p. 215). Isso evita a recondução da validade de uma ordem normativa "...a uma norma superior de ordem metajurídica" (p. 219).

mundo dos fatos concretos, vale dizer, não pode ser criada por uma autoridade. Ela tem natureza hipotética, sendo "... apenas uma norma pensada". Sua função é dar natureza jurídica às normas e sustentar a validade da ordem jurídica (=direito), enquanto "ordem normativa da conduta humana", ou "sistema de normas que regulam o comportamento humano", como seu "último fundamento de validade". Esse sistema tem de ser uno e essa unidade é adquirida pela derivação de uma norma inferior à superior, até a norma fundamental, numa "construção escalonada" e hierárquica de normas. Sendo um pressuposto lógico-teórico, ela fundamenta a validade de qualquer ordem jurídica positiva, qualquer que seja a sua coloração política, não sendo portanto nem justa e nem injusta[19].

Com isso, toda ordem jurídica ostenta ela própria seu fundamento de validade, tornando-se assim autoreferente[20], em oposição às teorias religiosa e metafísica dos direitos na-

19 Ibidem, pp. 4-5, 34 e 51 (sobre o direito como ordem normativa ou sistema de normas de condutas, sob coação estatal); pp. 9, 25 e 207 (sobre ser pressuposta); p. 50 (sobre ser hipotética); pp. 219 e 236 (sobre ser pensada); pp. 34, 50 e 213 (sobre sustentar a validade da ordem); pp. 214, 223 e 283 (sobre a "construção escalonada"); p. 235 (sobre a sua pretensa neutralidade política). Na obra *Teoria Geral das Normas*, publicada originalmente em 1979, Kelsen nega a qualificação hipotética da norma fundamental, chamando-a agora de uma ficção, "...que se distingue de uma hipótese pelo fato de que é acompanhada pela consciência ou, então, deve ser acompanhada, porque a ela corresponde a realidade" (Porto Alegre: SAFE, 1986, pp. 328-329).

20 De acordo com Karl Larenz, a ideia de norma fundamental é análoga à condição lógico-transcendental da teoria do conhecimento de Kant (op. cit., p. 99), mas a transcendência, aqui, diz respeito ao caráter epistemológico da teoria pura, e não ao fundamento de validade da ordem jurídica, que somente pode ser encontrado em si mesma.

turais, nas quais o fundamento de validade é transcendental: Deus ou o estado de natureza.

A teoria do direito de Kelsen tem o objetivo de purificar seu objeto de estudo de qualquer ideologia política e de elementos de ciência natural, não no sentido de sua formação, mas de seu conhecimento científico. Essa ciência tinha pretensão de "objetividade e exatidão" ou de ser uma "instância objetiva", geradora de neutralidade[21]. Para isso, adotou um "princípio metodológico fundamental", destinado a "libertar a ciência jurídica de todos os elementos que lhe são estranhos". Embora a teoria não ignore a conexão do direito com outros campos do conhecimento, almeja tratá-lo à parte, a fim de evitar um "sincretismo metodológico"[22].

21 Op. cit., pp. 53 (sobre a "instância objetiva") e 74 (sobre a neutralidade); sobre o sentido da "pureza", ver Prefácio da Primeira Edição. No Prefácio da segunda edição, Kelsen passa a tratar o direito não mais como uma teoria pura, mas como uma teoria geral do direito, mediante o desenvolvimento de princípios, admitindo que, com essa mudança, ela não abrange todos os fenômenos possíveis de investigação. Sobre os tais princípios, para além do "princípio metodológico fundamental" mencionado de forma simples na abertura do livro, eles surgem ao longo do texto, de uma forma não coordenada, como, por exemplo: (i) o princípio da legitimidade, segundo o qual uma norma é válida durante o tempo marcado por ela mesma para a duração de sua validade ou até quando seja substituída por outra, pelos meios por ela previstos, salvo uma revolução bem sucedida (p. 224); (ii) da efetividade, segundo o qual uma norma é eficaz enquanto a ordem jurídica na qual foi editada mantiver a sua própria eficácia, sendo portanto um limitador do princípio da legitimidade, no caso de uma revolução bem sucedida (pp. 225-226); (iii) da inferência, segundo o qual a norma inferior deriva sua validade da norma superior, que define a autoridade competente e o procedimento de sua edição; (iv) da imputação, segundo o qual ao dever-ser de uma conduta corresponde certas consequências jurídicas, amparadas por uma sanção positiva ou negativa (pp. 85-92).

22 Ibidem, p. 1.

O direito é encarado como uma "ordem normativa da conduta humana" ou um "sistema de normas de regulam o comportamento humano". Como sistema, exige uma unidade lógica, conferida pela derivação de uma norma a outra até uma norma fundamental, sendo com isso, também, uma teoria holística[23].

A recondução das normas ao seu imediato fundamento de validade representa o caráter estático da ordem jurídica[24], enquanto que o poder/competência criado pela norma fundamental para a geração das normas representa o seu caráter dinâmico. Este último é o conteúdo da norma fundamental, que não determina o conteúdo da norma a ser então criada, limitando-se a lhe fornecer o fundamento de validade[25]. Uma norma é válida, portanto, quando criada pela autoridade competente e pelo procedimento pré-determinado para esse mister. Assim, uma lei é válida quando o seu sentido objetivo for dado pela constituição que, por sua vez, pressupõe que todos se conduzam de acordo com ela[26].

---

23 Ibidem, pp. 4 e 51 (sobre o conceito de direito); 207 (sobre a derivação que leva à unidade); 220 (sobre a norma fundamental, que sustenta a unidade); 221 (sobre a perspectiva holística): "...o conhecimento do Direito - como todo conhecimento - procura apreender o seu objeto como um todo de sentido...".

24 A isso Kelsen chama de princípio da inferência, no livro *Teoria Geral do Direito e do Estado*. São Paulo: Martins Fontes, 1990, p. 117.

25 *Teoria Pura do Direito*, op. cit., pp. 207-209.

26 Ibidem, pp. 8, 147-148, 206, 212 e 215 (sobre a competência, que gera a validade); p. 9 (sobre a recondução das normas até a constituição e, dela, à norma fundamental). Nesta última passagem, Kelsen diz que a pressuposição alude à obediência aos preceitos criados pelo "autor" da constituição: "O ato criador da Constituição...tem sentido normativo, não só subjetiva como objetivamente, desde que se pressuponha que nos devemos conduzir como o autor da Constituição preceitua". Na p. 219, diz que

A eventual desconformidade de uma norma com outra superior, que lhe concede validade, não implica em invalidade imediata. A norma, nesse caso, é considerada provisoriamente válida, até que seja anulada por uma autoridade competente, mediante um procedimento determinado para tanto. Isso explica porque as expressões de norma "ilegal" ou "inconstitucional" são uma *contradictio in adjecto*, porque toda norma é objetivamente válida até que seja extirpada do ordenamento pelos meios por ele previstos. Trata-se de uma anulabilidade, e não de uma nulidade, porque a norma permanece válida até a tal decisão, que, por isso, tem natureza constitutiva, e não declaratória, uma vez que a norma era válida até então e, portanto, não podia ser "nula desde o início" (*ex tunc*), valendo aqui, para o direito, a metáfora do Rei Midas: "da mesma forma que tudo o que este tocava se transformava em ouro, assim também tudo aquilo a que o Direito se refere assume o caráter de jurídico"[27].

a norma pressuposta "...não prescreve que devemos obedecer às ordens do autor da Constituição". Essa aparente contradição pode ser explicada da seguinte forma: a norma pressuposta não determina o conteúdo de qualquer norma (seu conteúdo é a dinâmica jurídica), mas a constituição, como norma posta, pressupõe a obediência aos preceitos de seu ato criador, o poder constituinte.

27 Ibidem, pp. 284-285 (em geral); 55-56, 155, 285 e 293 (sobre a anulabilidade, e não nulidade); 293 (sobre a decisão constitutiva, e não declaratória, até mesmo porque na decisão declaratória somente se declaram fatos passados, como uma mera constatação, o que torna a decisão por si retroativa, enquanto Kelsen sustenta, em específico para a inconstitucionalidade, que as leis tidas por inconstitucionais "...devem valer na medida e pelo tempo em que não forem anuladas da forma constitucionalmente prevista", o que equivale dizer que a decisão sobre a inconstitucionalidade é irretroativa, salvo no caso da norma ter sido posta por órgão incompetente ou por indivíduo que sequer seja um órgão - ps. 290 e 294, respectivamente); 294

A inconstitucionalidade, por isso, significa a invalidade de um ato em seu sentido subjetivo, por não se adequar ao sentido objetivo da norma constitucional que lhe confere validade[28].

Em outras palavras, inexistem invalidades autoevidentes, porque todo sistema de direito positivo nega o direito de resistência ativo ao impor o princípio da força obrigatória da lei, condicionando o interessado no reconhecimento da invalidade da norma a submeter tal questão a uma autoridade competente para o controle de validade, por meio de um procedimento previamente estabelecido.

A norma regula o comportamento humano como um dever-ser, no sentido de prescrever (comandar) ou permitir condutas, e isso é o que faz do direito uma "ordem normativa da conduta humana". Nesse dever-ser da conduta é que está o conteúdo das normas, acrescido de seus efeitos. Uma conduta é prescrita ou permitida mediante coação estatal, que é exercida através da sanção. Esta última compreende prêmio e castigo como o "motivo da conduta socialmente desejada". Este é o elo de ligação do direito e do Estado, entendido como ordem social idêntica ao direito ou a "personificação da ordem jurídica"[29].

(sobre a metáfora do Rei Midas) . Em um texto de 1928, escrito para debater o processo de revisão da Constituição Austríaca, Kelsen passa a falar em controle de constitucionalidade como uma das garantias de regularidade da Constituição, usando então a expressão inconstitucionalidade, mas porque aqui se refere ao mundo do ser, e não o mundo do dever ser, no qual construiu sua teoria pura (A Garantia Jurisdicional da Constituição. A Justiça Constitucional. *Sub Judice. Justiça e Sociedade*, Coimbra, ns. 20/21, jan/jun 2001).

28 Ibidem, pp. 55-56.

29 Ibidem, pp. 7, 13 e 15 (sobre o conteúdo da norma); pp. 27, 37 e 58 (sobre a coação estatal e a sanção como elo de ligação do direito e do Estado); pp. 4-5 de *Teoria Geral do Direito e do Estado*, para o conceito de Estado. De acordo com Karl Larenz, juízos de dever-ser são diversos dos juízos de

A regulamentação da conduta, por intermédio das normas, ocorre de duas maneiras: 1) positiva: a) no sentido de obrigar a uma conduta; b) no sentido de conferir poder ou competência para produzir ou intervir na produção de normas; 2) negativa: conduta não regulada e nem proibida. Somente nesse sentido a norma atende a um valor: 1) positivo (ou "bom"): quando a conduta está de acordo com a norma; 2) negativo (ou "mau"): quando não está de acordo com ela. Assim, "a norma considerada como objetivamente válida funciona como medida de valor relativamente à conduta real"[30]. Esse valor é correlato ao conceito de norma, mas di-

ser: no juízo de ser ocorre uma descrição dos fatos e uma posterior explicação a partir de suas causas (método explicativo), enquanto que no juízo de dever-ser há uma prescrição que pode ou não se confirmar no mundo dos fatos (método normativo); o primeiro corresponde a um juízo de fato e a uma ciência de fatos, enquanto que o segundo corresponde a um juízo normativo quanto à validade do preceito e a uma ciência de normas (op. cit., pp. 92-93). O dever-ser é uma categoria usada para se evitar contradições, conforme apontou Georg Jellinek, ao tratar de um dos conceitos objetivos de Estado, ou seja, analisado em seu aspecto jurídico, enquanto uma "totalidade de normas": "la ciencia del Derecho...es una ciencia normativa, de igual modo que la Lógica, que no nos dice cómo son las cosas, sino cómo se las debe pensar para no caer en contradicción" (*Teoria General del Estado*. Granada: Editorial Comares, 2000, pp. 130-131). Contudo, nem mesmo Kelsen conseguiu manter a separação absoluta entre ser e dever-ser, ou seja, sua premissa de que juízos de dever-ser não podem ser deduzidos de juízos de ser teria sido contrariada pela realidade, mais especificamente em seu conceito de norma fundamental, porque, consoante Larenz, "o ato do pensamento que legitima a ordem jurídica, a postulação da norma fundamental, encontra assim, em último termo, a sua verdadeira justificação no fato de funcionar como tal um certo ordenamento coercitivo: isto é, o ´dever ser´resulta efetivamente, pela via transversa do postulado teorético da´normal fundamental´, de um ser, que, como tal, é para Kelsen alheio ao sentido e ao valor da (mera) faticidade" (op. cit., p. 98).

30 Ibidem, pp. 16-18.

verso de sua ciência (TPD), que é objetiva, sendo de natureza humana, e não divina. Com ele apenas se quer dizer que a conduta de acordo com a norma é positiva ("boa"), e que a conduta contrária é negativa ("má"), como ponto de partida para a sanção[31].

Sendo a conduta regulada tanto positiva quanto negativamente, não há espaço para as lacunas no ordenamento jurídico. A conduta negativa, ou seja, "o que não é juridicamente proibido é juridicamente permitido", exclui qualquer possibilidade de o sistema de normas ser aberto a ausências de normação da conduta[32].

Quando duas condutas não reguladas entram em conflito, entende-se que elas são igualmente permitidas e, por isso, qualquer decisão a respeito deve rejeitar a pretensão do autor da demanda, porque a ordem jurídica somente protege "interesses bem determinados"[33]. Nesse caso, não há propriamente lacuna, porque a ausência de uma norma geral sobre uma conduta positiva autoriza a conduta negativa. Somente quando essa ausência é considerada "indesejável" pelo tribunal, "do ponto de vista da política jurídica", por "não eqüitativa ou desacertada", pode ele criar uma norma individual, via decisão, a partir de uma norma geral que lhe pareça correta/satisfatória/adequada/desejável/acertada. A isso Kelsen denomina de função criadora de uma norma individual, ou "margem de livre apreciação" na falta de nor-

31 Ibidem, pp. 20 (sobre a natureza humana do valor); 23 (sobre a separação desse valor da norma da objetividade da TPD); 71 (sobre a correlação desse "valor" ao conceito de norma).

32 Ibidem, pp. 200 (para a citação), 261-263.

33 Ibidem, pp. 261 e 263.

ma geral, porque ela mesmo, quando existente, não pode prever todas as "particularidades do caso concreto". A norma jurídica geral é uma moldura, que autoriza simplesmente ao tribunal a criar a norma individual.

Portanto, somente existe discricionariedade judicial na falta de norma jurídica geral, quando o tribunal considera essa ausência "injusta ou não eqüitativa", "quer dizer, como não satisfatória". Nesse caso, o tribunal recebe a competência para criar uma norma jurídica individual "'ex novo' de direito material", que não tem índole legislativa, precisamente por se referir a uma norma individual, e não geral. Apenas quando o tribunal cria uma norma também geral é que ocorre uma "concorrência com o órgão legislativo", representando uma "descentralização da função legislativa".

Em resumo, o tribunal cria: 1) norma individual (como "direito material novo"): quando a norma geral prevê uma conduta negativa, ou seja, não tem seu conteúdo pré-determinado por uma norma geral; 2) norma geral: quando a norma geral cria conduta positiva, ou seja, confere conteúdo pré-determinado a uma norma individual, mas de modo não unívoco. Em ambos os casos, o tribunal gera um precedente, que é ele mesmo uma norma geral, porque vinculante de decisões futuras e cujo objetivo é unificar a jurisprudência[34].

A atuação do tribunal ocorre, ordinariamente, para a solução de problemas concretos, diante de "interesses bem determinados", conforme visto acima. Nesse lugar comum, o tribunal está autorizado a criar uma norma individual, específica para o caso concreto. Mas esses interesses não são direitos subjetivos, como posição jurídica de vantagem já de-

34 Ibidem, pp. 261-268.

terminada em sua titularidadde, porque, para ele, um direito subjetivo é apenas a conformação de uma conduta a uma norma, ou o "simples reflexo de um dever jurídico". Nele não há um sujeito ativo, mas tão-somente um sujeito passivo, porque o beneficiário da conduta é apenas o objeto da própria conduta. O dever tem prioridade sobre o direito no positivismo, ao contrário do direito natural, que afirma o oposto[35]

Como decorrência, não existem direitos subjetivos na qualidade de interesses pessoais que possam ser extraídos diretamente da norma geral (direito objetivo). O direito subjetivo não é um interesse de direito material, mas "...apenas a proteção ou tutela desse interesse, por parte do Direito objetivo", porque, diante de ofensa, há uma sanção que somente o Estado pode aplicar, por meio de suas autoridades e seus procedimentos previamente estabelecidos. O direito subjetivo, em resumo, é a simbiose de um direito reflexo (reflexo de um dever jurídico favorável ao titular, nos direitos não potestativos, e reflexo de um dever de enquadramento na hipótese de incidência da norma, nos direitos potestativos) com o direito de agir (ou de petição), no qual este último é a sua "essência". Sem "ação" o direito é juridicamente irrelevante[36].

O direito de ação (ou de petição) é uma garantia processual de um interesse, e não de um direito material insulado no patrimônio do autor em relação ao patrimônio alheio. Por

35 Ibidem, pp. 138-143 e 147.

36 Ibidem, pp. 146-149. Conforme Karl Larenz, em teoria pura "o direito subjetivo aparece...ou como um reflexo do dever jurídico que tem o indivíduo em relação a outro, ou como um'poder jurídico de intervir, direta ou indiretamente (através, por ex., da participação na eleição dos corpos legislativos), na produção de uma norma jurídica geral ou individual" (op. cit., p. 102).

isso as decisões criadoras de norma individual, na discricionariedade dos tribunais, são a criação, elas mesmas, de um direito material novo, de eficácia retroativa. Quem cria um direito material é a norma individual, e não a simples ocorrência do fato jurídico descrito no direito objetivo, porque aí se tem apenas um interesse, reflexo de um dever de conduta (direito reflexo). Ao mesmo tempo, uma norma geral pode ser também retroativa, hipótese em que não muda os fatos passados, limitando-se porém a modificar o seu significado normativo[37].

Num quadro assim desenhado, nenhum "interesse" se põe sob total proteção contra as decisões políticas estatais, e nenhum titular desse "interesse" pode afirmá-lo como um direito contra tais decisões, salvo um "mínimo de liberdade". Essa "liberdade inalienável", não inata ou natural, deriva da "limitação técnica" da ordem jurídica em condicionar toda a conduta humana: "fica sempre garantido, porém, um mínimo de liberdade, isto é, de ausência de vinculação jurídica, uma esfera de existência humana na qual não penetra qualquer comando ou proibição". Trata-se das "liberdades constitucionalmente garantidas", que limitam a competência do órgão legislativo. Nesse caso, o direito não depende de prévia chancela estatal para a sua existência, mas tampouco tem autonomia como um autêntico direito subjetivo, porque se limita a proibir lesões legislativas[38].

Em resumo: 1) na ordem jurídica positiva não existem direitos subjetivos, entendidos como posição jurídica material de vantagem reconhecida diretamente pela norma geral; 2) existem interesses que somente se tornam direito

37 Ibidem, pp. 14, 154-155, 263.

38 Ibidem, pp. 47, 153-155 e 242.

material através de uma norma individual, criada por decisão judicial ou "resolução administrativa"[39]; 3) tais direitos são reconhecidos em caráter retroativo; 4) podendo as normas gerais ser também retroativas, dando significado jurídico novo aos fatos passados; 5) só existe direito subjetivo enquanto reflexo de um dever de conduta e através do direito de ação (ou de petição), que é uma mera garantia de um interesse "bem determinado"; 6) somente "o catálogo de direitos e liberdades fundamentais"[40] previsto nas constituições é limite à atuação normativa do Estado; 7) mas não é limite a um poder constituinte, especialmente nos casos de revolução.

Quanto à relação entre direito e ideologia, Kelsen analisa o tema em duas passagens de Teoria Pura do Direito.

Na primeira, ele cuida de refutar a acusação de que o dever-ser seria uma ilusão ideológica, no mesmo sentido de Marx, ou seja, de que o direito é um instrumento de coação estatal que falsifica a realidade, permitindo e propagando a dominação econômica de uma classe sobre outra. Nesse particular, a crítica ideológica pode ser analisada em dois sentidos, a saber: 1) o dever-ser seria um modo de obscurecer a relação causal entre fatos e consequências normativas, ou seja, ele não pode sustentar uma ciência jurídica puramente normativa, porque o único objeto a ser considerado em uma ciência social seria a relação entre causas e efeitos concretos (verificáveis no mundo dos fatos), segundo a qual, no pla-

39 Sobre a decisão judicial como norma individual: pp. 17, 21, 147 e 231; sobre a "resolução administrativa" como exemplo de norma individual, p. 231.

40 Ibidem, p. 242.

no jurídico, se encontraria quando se indaga quais efeitos foram obtidos pela edição normativa. Em uma ciência jurídica normativa, porém, seu objeto é uma conexão funcional (ou conexão imputativa) entre a conduta pressuposta como devida e as consequências que a ordem jurídica atribuía a ela. Trata-se portanto de uma relação de imputação abstrata (e não concreta, como se passa nas relações causais, que dependem de confirmação fática) entre a conduta a ser prescrita na norma, ainda sem conteúdo determinado, e as consequências positivas e negativas que a ordem jurídica atribua a ela. Uma ciência assim construída não diz qual o conteúdo da norma e tampouco qual a conduta devida, asseverando apenas que a norma objetivamente válida prescreve uma conduta devida como dever-ser, sendo portanto o sentido subjetivo do ato de produção jurídica. "Somente quando se entende´ideologiácomo oposição à realidade dos fatos da ordem do ser, isto é, quando por ideologia se entende tudo que não seja realidade determinada por lei causal ou por descrição desta realidade, é que o Direito...é uma ideologia"; 2) o dever-ser seria um modo de obscurecer juízos de valor subjetivos embutidos na norma de conduta, desvinculando-a de um fundamento antecedente (direito natural) ou superior (justiça) da ordem jurídica. Em uma ciência jurídica normativa, porém, seu fundamento de validade não é o direito natural ou qualquer concepção de justiça, mas a mera pressuposição de validade das normas. "Neste sentido, a Teoria Pura do Direito tem uma pronunciada tendência anti-ideológica. Comprova-se esta sua tendência pelo fato de, na sua descrição do direito positivo, manter este isento de qualquer confusão com um direito´idealou´justó"[41].

41 Ibidem, pp. 114-119. Ao recusar para a ciência do direito a capacidade para criar direito ou norma, Kelsen também se ocupa de uma de suas

Na segunda, Kelsen expõe o caráter ideológico dos dualismos direito público/direito privado e Estado/Direito. No primeiro deles, as doutrinas do direito constitucional e do direito administrativo sustentam uma oposição absoluta entre direito público e direito privado, tendente a mascarar a oposição entre poder e direito ou entre poder de Estado e direito. Nessa vertente, o domínio propriamente jurídico estaria no plano do direito privado, no qual ocorre a aplicação vinculada das leis ao caso concreto, sendo que no plano do direito público as leis se limitam a delimitar a livre realização do fim do Estado, decorrendo daí que a vinculação à lei ocorre em um grau menor ou com maior margem de discricionariedade. Para Kelsen, contudo, isso implica na verdade em desvinculação entre a lei e os atos estatais e, destarte, em quebra do princípio da representação popular, coisa que a Teoria Pura do Direito não incide, por considerar que a ordem jurídica é una e que os atos jurídicos públicos e privados são individualizações de uma norma geral, atribuídas a uma autoridade do Estado. Essa teoria não ignora a distinção entre direito público e direito privado, tratando-a porém como uma oposição intra-sistemática, e não extra-sistemática (direito X não-direito). No segundo, as doutrinas tradicionais de direito do Estado e do direito tratam Estado e direito como coisas distintas, no pressuposto de que o direito justifica/legitima o Estado. Nesse sentido, o Estado deve sua existência a uma ordem jurídica superior ou antecedente (religiosa ou metafísica), opondo-se assim a sua verdadeira origem

principais preocupações, de acordo com Karl Larenz: "impedir que se abuse da ciência do direito, utilizando-a como capa de opiniões puramente pessoais e de tendências ideológicas" (op. cit., pp. 106-107).

(o poder) e tornando-se ontologicamente justo. Como visto anteriormente, para Kelsen, contudo, o Estado é uma ordem jurídica idêntica ao direito ou a personificação da ordem jurídica, estando conectado ao direito pela sanção, o que o liberta de qualquer elemento ideológico, metafísico ou místico[42].

Conclui-se, então, que Kelsen produziu uma teoria tão específica que o distingue por completo das escolas anteriores, reclamando assim uma categoria à parte. Nessa teoria, o protagonismo na criação do direito é exclusivamente do Estado, a quem ele compara, em sua coincidência com o direito, com a metáfora do Rei Midas: "da mesma forma que tudo o que este tocava se transformava em ouro, assim também tudo aquilo a que o Direito se refere assume o caráter de jurídico"[43].

4.8. JURISPRUDÊNCIA DOS VALORES

Assim como Kelsen, os autores que defendem a jurisprudência dos valores (Rudolf Stammler, Wilhelm Windelband, Gustav Radbruch) também são de origem neokantiana, e por isso sustentam que o valor é um *a priori* que se pretende realizar pela ação, fazendo parte do mundo do dever ser. Porém, o valor não é um imperativo categórico, ou seja, não corresponde a uma ação que se deva praticar independentemente dos fins, mas um imperativo hipotético, porque a ação que a ele se refere aspira alcançar um fim predeterminado: a justiça. Em outras palavras, para essa corrente o valor do direito é a justiça.

---

42 Ibidem, pp. 297-306.

43 Ibidem, p. 294.

A conexão entre direito e justiça ocorre por via da cultura, ou seja, pelo conjunto de experiências históricas de determinada sociedade, herdadas por seus membros e entre eles compartilhadas como senso comum.

Valor e cultura não se confundem: enquanto a cultura fornece os elementos (religiosos, linguísticos, econômicos) que designam o sentimento de pertença dos indivíduos a determinada comunidade, os valores são o dever-ser de uma ação orientada a alcançar determinado fim (correspondente à cultura). Os valores, então, são hierarquizáveis, pertencem ao mundo do dever ser e visam sempre a um fim, que é o motivo ou causa da ação, ou seja, esta recebe seu significado por meio de valores.

Quando se está diante da interpretação da lei, deve-se primeiro observar quais considerações de justiça o legislador tomou do meio da cultura para a edição do texto, ou seja, qual valoração ele deu ao proteger determinados bens em detrimento de outros ou ao privilegiar determinados interesses em detrimento de outros. Não se trata, porém, de uma relação causal, que se estabelece entre fato social determinante e lei, mas de uma relação valorativa, que se estabelece entre cultura e compreensão. Na aplicação da lei ao caso concreto, o juiz deve promover a adequada compreensão da valoração feita pelo legislador, fundamentando sua decisão de forma razoável, já que os resultados dessa operação não são exatos como ocorreria nas relações causais típicas das ciências da natureza.

O principal problema dessa corrente decerto está na concepção de justiça, porque não há consenso a respeito, podendo-se encontrar o *ethos* (ética particular) da comunidade tanto nas leis positivas quanto no direito natural, como em Helmut Coing, quanto na concretização do princípio da igualdade, como em Claus-Wilhem Canaris.

Quanto ao protagonismo na criação do direito, essa escola parece não se ocupar diretamente do problema, parecendo radicá-lo na figura do legislador, em um primeiro momento valorativo (abstrato), e depois no juiz, em um segundo momento valorativo (concreto)[44].

4.9. VISÃO DE CONJUNTO

As escolas acima examinadas fazem parte de um período histórico em que as teorias do direito pretendiam dar a seu objeto de estudo um estatuto epistemológico, mas desde que essa abordagem passou a ser criticada, a partir de Julio von Kirchmann (1847) e de outros céticos, elas foram aos poucos deixando de angariar adeptos e de provocar novas réplicas escolares, caindo em declínio na segunda metade do séc. XX.

Dois remanescentes das escolas são as vertentes subjetivista e objetivista da interpretação jurídica, a primeira focada nas relações causais ou valorativas que levaram o legislador a editar a lei e a segunda focada na autonomia histórica e linguística do texto legal. Essas vertentes estremam, na realidade, os poderes interpretativos dos poderes legislativo e judiciário, pondo de fora outros sujeitos interpretativos da comunidade jurídica, como os professores e os doutrinadores, que assumem então um papel secundário naquela disputa. Trata-se evidentemente de uma luta por protagonismo, porém mais simplificada e não mais concentrada no poder de criação do direito, e sim no poder interpretativo. Cada uma com suas vantagens e desvantagens, elas ainda dominam as polêmicas sobre os limites da interpretação

44 Cf. CAMARGO, op. cit., pp. 121-131; e também LARENZ, op. cit., pp. 163-177.

das leis, mas não têm uma função consciente sobre o tema da ideologia, que apenas de forma incidental é afetado pelo predomínio de um ou outro antagonista[45].

A propósito, das escolas estudadas, a que mais guarda relação com o tema da ideologia é a jurisprudência dos valores, porque nela se realça o sentimento de pertença dos indivíduos de uma sociedade por meio da cultura, ou seja, pelo conjunto de experiências históricas herdadas pelos membros de determinada coletividade e entre eles compartilhadas como senso comum.

Uma ou outra escola pode ser acusada de favorecer determinado quadro ideológico, a exemplo do que se passa com: 1) a escola da exegese, tanto em sua referência à doutrina da separação de poderes, que correspondia à ideologia do Estado moderno emergente, de dividir rigidamente as competências estatais, quanto pelo princípio da certeza do direito, que reclamava previsibilidade para as ações dos cidadãos em uma economia de mercado incipiente[46]; 2) a escola histórica, que ao resistir à mudanças futuras com o retorno ao passado, acaba por defender a manutenção de privilégios do *ancien régime* (e, portanto, contra o liberalismo), como se passa com o conceito de prescrição histórica de Edmund Burke; 3) a jurisprudência dos conceitos em relação ao liberalismo, por conta de sua vinculação ao conceito de liberdade de Kant; 4) a jurisprudência dos interesses também em relação ao liberalismo, na hipótese das lacunas, diante

45 CAMARGO, op. cit., pp. 92-100.

46 Bobbio também vê nessa escola uma tendência ideológica pelo fato de seus membros valorarem positivamente a associação entre direito e lei (*O Positivismo Jurídico*, op. cit., p. 224).

da prioridade dos interesses particulares sobre os interesses gerais[47]; 5) Jhering e seu utilitarismo, entre a jurisprudência dos conceitos e a jurisprudência dos interesses, que o coloca na linha do liberalismo social de John Stuart Mill. De qualquer forma, essas escolas a rigor não se destinam a por suas ideias centrais a dispor de qualquer ideologismo, já que sua prioridade, como se disse, é definir o protagonismo na criação do direito, e não uma orientação da ação política.

47 Se se considerar que os interesses sociais em conflito que animam a lei correspondem a uma realidade concreta, e esta, na época da formulação e desenvolvimento da jurisprudência dos interesses (primeira metade do séc. XX), se insere na passagem do estado liberal para o estado social, ela pode ser colocada sob a suspeita de favorecer o *status quo ante* (do estado liberal, em detrimento do estado social), diante do apelo ao método histórico de interpretação.

5

POSITIVISMO JURÍDICO E IDEOLOGIA

As escolas acima examinadas são contemporâneas do movimento de codificação das leis, no qual Noberto Bobbio identifica dois princípios ideológicos, a saber: 1) as leis se apresentam então como um meio de ordenar racionalmente a sociedade, refutando o personalismo e o casuísmo de criação do direito; 2) o direito legislado (fonte ativa de direito) representa uma forma de modificar a sociedade, refutando o costume (fonte passiva de direito). Em resumo, "...o impulso para a legislação nasce da dupla exigência de por ordem no caos do direito primitivo e de fornecer ao Estado um instrumento eficaz para intervenção na vida social"[1].

Com efeito, localizado historicamente o movimento em questão no liberalismo incipiente, era necessário modificar as estruturas economicamente arcaicas do absolutismo e impor modificações que impedissem o retorno ao passado, havendo aqui, portanto, uma forte ligação entre o direito codificado e o regime então instalado.

No curso das escolas, a partir da ideia de sistema e depois com o formalismo jurídico pós jurisprudência dos conceitos, o positivismo jurídico (definido basicamente como a

---

1 *O Positivismo Jurídico*, op. cit., pp.119-120.

doutrina que considera direito apenas aquele posto na ordem jurídica pelo Estado) deixa de ser apenas uma teoria e passa a ser uma ideologia, ou seja, se antes os juízos positivistas eram fáticos, se seu trabalho era informativo e se sua proposta era apenas descrever o fenômeno jurídico, logo depois seus juízos passaram a ser valorativos, seu trabalho passou a ser a mudança da realidade e sua proposta passou a ser a análise prescritiva do fenômeno jurídico[2].

Uma linha geral de identidade ideológica do positivismo jurídico, segundo Bobbio, é a afirmação de um "...dever absoluto ou incondicionado de obedecer à lei enquanto tal", preferindo o autor chamar isso de positivismo ético (ou positivismo extremista) em lugar de ideologia positivista. Trata-se de uma réplica ao jusnaturalismo, para o qual o dever de obediência se reduz à justiça, ou seja, a lei deve ser obedecida quando justa. A partir daí são identificadas quatro justificações diferentes para a obediência às leis, das quais as três primeiras não são peculiares do positivismo, a saber: 1) concepção ética ou realista: a justiça é vontade do mais forte (atribuída a Trasímaco, do livro I da República de Platão), e quando identificado o mais forte como o soberano, segue-se que a lei por ele criada é sempre justa; 2) concepção convencionalista: a justiça é aquilo que os homens convencionam que ela seja (derivada do relativismo ético e atribuída a Hobbes), ou melhor, sem a convenção (contrato social) cada um estipula para si as ações que considera justas, de modo que somente com ela se pode ter um critério único e objetivo de justiça, por meio de estatuições positivas, disso derivando uma obrigação moral de obedecer as leis, já que

2 Ibidem, pp. 223-224.

elas são o resultado de um poder conferido pelos indivíduos ao soberano; 3) concepção sagrada da autoridade: a lei é justa porque editada pela autoridade carismática, entendida a autoridade carismática no sentido de Weber, ou seja, aquela que se apresenta como dotada de poderes sobre-humanos e na qual o povo confia emotiva e irracionalmente; 4) concepção do Estado ético: a lei deve ser obedecida porque o Estado possui um valor ético imanente quando separa política de religião, exigindo assim a sujeição incondicional dos súditos. Mas existe também uma versão moderada de positivismo ético (ou de ideologia positivista), com as seguintes distinções da versão extrema:

> Também a versão moderada do positivismo ético afirma que o direito tem um valor enquanto tal, independentemente de seu conteúdo, mas não porque (como sustenta a versão extremista) seja sempre por si mesmo justo (ou com certeza o supremo valor ético) pelo simples fato de ser válido, mas porque é o meio necessário para realizar um certo valor, o da *ordem* (e a lei é a forma mais perfeita de direito, a que melhor realiza a ordem). Para o positivismo ético o direito, portanto, tem sempre um valor, mas, enquanto para a versão extremista trata-se de um *valor final*, para a moderada trata-se de um *valor instrumental*.

A ordem então é (i) o oposto à anarquia, (ii) o produto de um sistema normativo, (iii) o meio de justificação da coação estatal e (iv) o ponto de identidade entre lei e justiça[3].

---

3 Ibidem, pp. 226-231.

Esse tema já havia sido explorado por Bobbio em um livro anterior[4] e cujo conteúdo pode ser resumido no seguinte quadro:

CORRENTES	DIVISÕES/TIPOS	IDEIA	CONSEQUÊNCIA
positivismo jurídico e jusnaturalismo como ideologia	positivista extrema	as leis devem ser obedecidas enquanto tais	a legitimidade e a justiça são reduzidas à legalidade
	positivista moderada	as leis devem ser obedecidas como expressão de valores comuns (ordem e paz)	idem, porém sob condição
	jusnaturalista extrema	as leis devem ser obedecidas só enquanto justas	a legalidade e a legitimidade são reduzidas à justiça
	jusnaturalista moderada	as leis podem ser injustas mas devem ser obedecidas, salvo em casos extremos	idem, porém sob condição
formalismo jurídico	jurista	a lei deve ser obedecida pelo simples fato de ser lei	a lei não pressupõe a justiça e a legitimidade
	legalista	a lei é justa pelo fato de ser lei	a justiça pressupõe a lei e é reduzida à validade
	jusnaturalista geral	a lei é válida se justa	a validade é reduzida à justiça
	jusnaturalista clássica	a lei deve ser obedecida e é válida ainda quando injusta	a justiça é reduzida à validade

4 *El Problema del Positivismo Jurídico*. Buenos Aires: Eudeba, 1965.

6

CRÍTICA SOCIALISTA DO POSITIVISMO JURÍDICO

No prefácio de seu livro Introdução Crítica ao Direito, Michel Miaille explica que seu referencial teórico é o pensamento marxista e que em sua abordagem o direito não será vulgarizado, como fazem as obras de introdução que chama de "muito ecléticas" ou "claramente inconsistentes".

Em uma Introdução dividida em três partes, Miaille se ocupa primeiro em explicar o que entende por introdução, depois por crítica e enfim por crítica ao direito, a saber e respectivamente: 1) introduzir significa para ele levar de um lugar a outro, coisa que no direito não pode ser considerado um movimento neutro, porque "quando eu tomo a iniciativa de vos introduzir no direito, tomo a responsabilidade de abrir certas portas, de conduzir vossos passos num determinado sentido, de chamar a vossa atenção para este elemento e não para um outro", como a metáfora de uma visita guiada. Ele adverte, porém, que não o fará como em um *complot* contra vítimas mudas e inocentes, valendo-se da arrogância de um guia todo-poderoso, mas de modo diverso do que ocorria em seu país (França), aonde a introdução ao estudo do direito não passava de uma cadeira antecedente de direito civil e era ensinada por professores dessa formação, segundo "...a lógica do direito privado..."; 2) por sua vez, crítica para ele significa "por em causa" ou "por em questão" o direito até então visto sob a ótica da "...filosofia idealista dos países ocidentais, industrializados", ou seja, expor o "invisível" que se encontra encoberto pelo pensamento jurídico abstrato. Para tanto, Miaille afirma valer-se de um método científico: a dialética, segundo a qual o mundo é complexo e o real somente mantém as condições de sua existência "... senão numa luta, quer ela seja consciente quer inconsciente". De forma clara, opõe-se então ao positivismo enquanto pretensa ciência pragmática, contra ele esgrimindo a teoria crítica de Habermas e de Raulet, enquanto "...lógica de uma teoria científica". Isso porque "a teoria crítica permite não só descobrir os diferentes aspectos escondidos de uma realidade em movimento, mas sobretudo abre, então, as portas de uma nova dimensão: a da´emancipaçãó...". Em outras palavras, sua ciência (teoria crítica dialética ou dialética do pensamento crítico) se antagoniza com outra (positivismo), como se passou em outros confrontos epistemológicos, nos quais um paradigma destrói e substitui outro, porque "...o conhecimento científico é sempre obtido violentamente contra outro conhecimento que se afirma ciência: é neste movimento, que necessita, por vezes, para se libertar, de ´golpes de forçá, como veremos, que se constrói e desenvolve a inteligência das coisas e dos homens"; 3) por fim, crítica ao direito representa uma dupla tomada de consciência, antes de tudo que (i) produzir direito está ligado ou mais propriamente depende de outras produções ocorridas na sociedade (literária, artística, cultural, política "...e ainda produção de bens econômicos") e depois que (ii) o direito produz e reproduz um certo tipo de sociedade, dando-lhe os meios para se perpetuar. Em resumo, "...o que quero mostrar é que a teoria dos juristas não é nunca, a maior parte das vezes, mais do que o decalque das instituições, dos meios e das técnicas do mundo dos práticos". Ou por outra: "o jurista teórico, embora creia que é perfeitamente independente na sua investigação e no seu ensino, é o joguete de uma ilusão: ele não faz mais do que 'refletir' o sistema jurídico que julga estar a analisar, participa na sua reprodução". Miaille chama esse comportamento de "cumplicidade objetiva", que ele diz ser denunciada em diversos lugares: "será preciso que as classes trabalhadoras denunciem a mistificação da pretensa liberdade para que novas regras de direito sejam elaboradas em matéria de contrato de trabalho; será precisa a descolonização e o surto de revoluções no terceiro mundo para que o direito internacional clássico seja posto em causa nos seus fundamentos". Em conclusão, "no nosso encontro com esse mundo do direito combateremos ao lado daqueles que, para além das aparências, querem conhecer a última palavra das realidades: descobriremos, então, muitas 'coisas' que uma observação inocente nos teria ocultado, de tal modo é verdade não haver ciência senão ciência do oculto"[1].

O autor em estudo não esconde o propósito de revolucionar o direito ou a introdução de seu estudo, com expressões típicas da retórica socialista, como combater na luta (de classe) contra a perpetuação das condições de existência da sociedade ocidental e industrializada, para emancipar os indivíduos da ilusão de suas próprias condições materiais; ainda que a violência sugerida seja apenas simbólica (ou teórica), ela almeja libertar as pessoas a "golpes de força" da mistificação do discurso da liberdade e também da colonização estrangeira.

1 *Introdução Crítica ao Direito*. Lisboa: Estampa, 1989, pp. 13-30.

Não se trata apenas de um jogo de palavras, mas de uma análise porque não dizer crítica da crítica, na mesma linha de Ricoeur ao responder a teoria crítica com a réplica ou a estratégia da suspeita, com o contragolpe ideológico e com a arrogância da crítica (item 2, supra).

A propósito, os "inimigos" declarados de Miaille são as doutrinas idealistas (religião e jusnaturalismo), as doutrinas realistas ou positivistas (escolas sociológica do direito e fenomenológica) e, por fim, as doutrinas formalistas (formalismo kelseniano e estruturalismo).

Dentro das primeiras, Miaille acusa a existência de uma ideologia religiosa, que apresenta o direito como uma continuação da palavra revelada, e de uma ideologia do direito natural, que apresenta o direito simultaneamente como o fundamento do direito positivo e como um critério de controle de sua regularidade. Essas duas ideologias decorrem de afirmações do idealismo jurídico, segundo as quais o direito é uma idéia que não se encontra no mundo físico ou sensível (sendo portanto "transpositiva"), tendo fonte em Deus (para os crentes) ou na natureza (para os laicos). Essa segunda concepção não é entretanto uniforme, porque na antiguidade a natureza foi concebida como uma ordenação perfeita (a exemplo do universo) capaz de gerar equilíbrio para a justiça, que tinha o mesmo sentido de direito, já que ambos eram expressados pela mesma palavra: *dikaion*. Já na idade média, com Thomás de Aquino, a natureza é um ato da criação e, sendo também o fundamento do direito, está inscrita mesmo no coração do homem descrente. Ato contínuo, na escola do direito natural, inaugurada por Hugo Grotius, o direito é encontrado na natureza humana, mais propriamente na razão humana ou na reta razão, ou seja, é imanente ao homem racional, sendo que a passagem do direito natural ao direito positivo é mediada pelo consentimento. Contudo, mesmo nessa tradição direito natural assumirá dois sentidos, a saber: 1) com Montesquieu, a natureza das coisas é a causa do direito natural, que é então seu efeito e também a fonte do direito positivo ou das leis; 2) com Rousseau, a natureza humana é que é a causa do direito natural, surgindo apenas após o acordo entre os homens. Mais adiante, com Kant, o direito natural assume caráter intrinsecamente racional, porque não é a natureza a fonte do conhecimento, mas a razão. A partir daí o direito natural passa a ser o conjunto de regras que se extraem da natureza do homem, com aquela dupla função antes enunciada: ser ao mesmo tempo fonte do direito positivo e mecanismo de seu controle[2].

O maior problema parece residir na ideologia do direito natural, em especial naquela que decorre do pensamento de Sieyés, porque ela sugere a necessidade de sua aceitação racional, ou seja, o terceiro estado reclamou legitimidade para converter os estados gerais em assembléia constituinte com base em um direito natural racional, contra a irracionalidade das desigualdades que favoreciam clero e nobreza, invertendo assim a pirâmide dos estamentos. Assim, "em lugar de relações verticais (hierarquizadas) instaurar-se-ão relações horizontais (comunidade nascida do contrato social)", e "a razão humana permitiu pois repor a ordem numa sociedade mal organizada, ou melhor, instaurar uma ordem nova fun-

2 Ibidem, pp. 247-263. Miaille correlaciona Kant a Rousseau quanto ao fato de se atribuir ao homem a fonte da razão e ao fato de a passagem do estado de natureza para o estado civil representar um salto de um mundo sem valor para um mundo moral. Na p. 271, Miaille explica porque o jusnaturalismo é idealista: "o direito positivo não existe senão em função de uma Ideia do direito que tem de se impor. Só esta ideia de direito, resultante da Natureza das coisa, é real: só ela diz o que é a verdadeira justiça. Portanto, a história dos homens, e das sociedades concretas, não é analisada senão a partir desta Ideia, senão em nome desta Ideia".

dada nos indivíduos, depositários de direitos inalienáveis e sagrados, numa palavra, de direitos naturais". Como resultado, "...a reivindicação de um direito natural racional pode ser compreendida, pela burguesia do século XVIII, como a única maneira de resolver corretamente o problema das desigualdades sociais e políticas da sociedade francesa do século XVIII". Todavia, "...todo esse discurso, coerente aliás, não passava de uma máscara humanista e lógica para a tomada do poder pela burguesia em seu único proveito"[3].

Mesmo após a vitória das revoluções liberais do final do séc. XVIII, o idealismo do direito natural manteve seus impasses, porque embora considerado superior ao direito positivo, carecia de eficácia, característica principal deste último. "Os jusnaturalistas chegam pois a um dualismo em relação ao direito: direito positivo aplicável e direito natural, superior mas desencarnado, constitui o único objeto das suas referências". Além disso, a invariabilidade do direito natural, pretensamente estabelecido de uma vez por todas no pressuposto da invariabilidade da natureza das coisas e/ou da natureza humana, inibia sua adequação à realidade, surgindo assim a concepção de um direito natural de conteúdo variável, com R. Stammler e M. Villey. Essa nova concepção parte da premissa de que as condições da vida social são variáveis e, por isso, também o deve ser o direito natural, incidindo agora em uma incerteza absoluta, pois se o direito natural "...deve servir de medida para criticar ou inspirar o direito positivo, que utilidade poderá ter tal´medidá que constantemente se modifica?"[4]

3 Ibidem, pp. 263-266.

4 Ibidem, pp. 266-270.

Para Miaille, o direito natural é uma ideologia porque oculta as condições de existência e as reivindicações da sociedade burguesa incipiente com base em ideias como liberdade, igualdade, direito, lei, vontade, etc..., atributos "naturais" dos indivíduos, e é em específico uma ideologia jurídico-política, porque, por meio de um direito positivo impositivo, almeja libertar os agentes econômicos das estruturas estamentais anteriores, atomizando ou fragmentando a sociedade com base em indivíduos iguais e soberanos e criando outro tipo de economia e de relações políticas e sociais, embora sem dizê-lo explicitamente. Aqui estaria então a função de ocultação do direito natural: "o invólucro do direito estalará para pôr a nu a situação que pretende ao mesmo tempo esconder e legitimar: o poder de uma classe sobre outra".

Contudo, essa ideologia não tem caráter apenas negativo (ocultação), porque em sua função de representação ela expressa as relações sociais e econômicas de seu tempo, sendo assim uma "arma de combate", ou seja, foi aquela mesma teoria do direito natural que enfrentou e venceu a opressão e a desigualdade do Antigo Regime, "...e isto faz desta ´teoriáum agente de libertação para a época"[5].

Diferentemente das doutrinas idealistas, a doutrinas realistas ou positivistas negam que o direito possa ter por fundamento qualquer dado que não possa ser observado na experiência concreta, ou seja, na realidade (empirismo). Com base então no positivismo Comteano, essa doutrina pretende dar ao direito um estatuto epistemológico, depurado assim de qualquer concepção religiosa e metafísica, sendo portanto neutra. Seu objeto de estudo será o direito

5 Ibidem, pp. 270-274.

positivo, ou seja, o direito estabelecido. Ela diverge da doutrina idealista em vários pontos: 1) nela o direito não é nem um conjunto de ideias e nem algo supremo ou ideal; 2) o direito não é tampouco algo perfeito e portanto superior no sentido moral; 3) o direito também não é uma questão de opção política ou moral pessoal. Outrossim, e contraditoriamente, separa-se o papel do jurista do papel do cidadão: o jurista defende uma postura científica (que acaba referendando a ordem estabelecida por meio do "fetichismo da lei"), de modo que somente pode criticar o direito posto por meio do direito ideal quando se despe daquela indumentária e reassume o papel de cidadão. O direito então não estará mais na consciência dos homens, mas em uma ordem objetiva (a-política e a-moral)[6].

Uma das versões realistas é a escola sociológica do direito, que tem início com a escola histórica alemã, porque ela também parte da premissa de que o direito não é uma criação do homem, ou melhor, não é um dado que se extrai da natureza humana, mas sim da experiência histórica e social. Seu referencial teórico é Emile Durkheim, para quem (i) os fatos sociais são objetos ou coisas, (ii) o fato social é caracterizado por uma coação e (iii) fatos sociais são referentes a

6 Ibidem, pp. 275-279. Em uma crítica velada a Kelsen, Miaille diz que a doutrina positivista parte de um dualismo contraditório, porque há uma diferença entre considerar positivo todo o direito em vigor ou apenas aquele que seja efetivamente aplicado. No primeiro, uma regra posta somente perde sua nota jurídica quando substituída por outra regra [princípio da legitimidade], enquanto que no segundo a eficácia é uma condição de validade, remetendo então o jurista contraditoriamente do domínio estritamente jurídico para o sociológico. Essa é de resto uma crítica muito comum à separação entre o domínio do dever ser e do ser, e já foi abordada anteriormente.

outros fatos sociais, sendo pois explicáveis por associações entre fatos. Nesse contexto, o direito é um fato social privilegiado: "o seu caráter coativo é evidente e, se já não vemos a coerção de que ele se serve, é porque interiorizamos as interdições sociais". Além disso, como fato social o direito tem uma função social: a solidariedade social. No estágio em que a teoria foi concebida, havíamos passado de uma sociedade de solidariedade mecânica, na qual a repressão era severa e cuidava de coibir a desobediência com a eliminação do fator de perturbação, a uma sociedade de solidariedade orgânica, na qual a desobediência é reparada (não eliminada) por meio de compensações de desigualdades, criadas pela divisão social do trabalho. Miaille vê nisso um paradoxo: "...é no momento em que a classe desfavorecida pelas relações capitalistas se organiza e começa a manifestar a sua força potencial, é, pois, no momento em que a sociedade toma consciência da divisão profunda que a afeta, que a ideologia dominante cria uma nova´teoriá capaz de dissimular esta situação e dar novos argumentos à manutenção do modo de produção capitalista". No campo jurídico, Léon Duguit será o principal expoente dessa doutrina, porque também para ele o direito positivo tem uma existência objetiva que se impõe ao Estado e limita por si mesmo as instituições políticas. O fim do direito será então a solidariedade, porque esta leva à integração social, tornando-se assim uma lei sociológica que precede a lei positiva. O Estado é o instrumento dessa solidariedade, mas está ao mesmo tempo limitado por ela, o que significa dizer que ele não cria o direito, limitando-se a traduzi-lo. A solidariedade parece assim resolver o conflito entre indivíduo e sociedade, presente na divisão desigual do trabalho, dando ao jurista "...boas razões para apreciar o direito positivo existente: este último deve seguir sempre o caminho da solidariedade". Contudo, essa abordagem comporta "...uma tendência para um corporativismo muito reacionário, porque a própria ideia de solidariedade negava, na realidade, os conflitos sociais particularmente vivos neste fim do século XIX e integrava-os na realização do direito como totalidade social", gerando ainda uma hipertrofia do direito e do Estado[7].

Outra versão realista é a escola fenomenológica, iniciada por Husserl e prosseguida por Hegel, para a qual é preciso (i) retornar às coisas antes do modo como a conhecemos para delas depurar as deformações dos raciocínios *a priori*, (ii) por intermédio de uma eidética, ou seja, da significação da essência das coisas, que não existem em si mesmas, mas com um objetivo.

Em resumo, "a fenomenologia é, pois, a base de uma ´ciência eidéticá, quer dizer, de um estudo descritivo das estruturas típicas das coisas". De acordo com Paul Amselek, no campo jurídico Kelsen é um exemplo dessa escola, porque a purificação do estudo do direito tende "...a encontrar uma estrutura fundamental do direito, uma significação essencial para lá das contingências históricas". Assim, "a descoberta de Kelsen é a revelação do direito como sistema de normas. Isso seria o *eidos* do direito, a sua significação essencial"[8].

---

7 Ibidem, pp. 279-285. O paradoxo é explicado em outras palavras mais adiante: "...no momento, pois, em que o sistema da sociedade burguesa punha a descoberto os seus mecanismo inconfessáveis, eis que o tratamento sociológico dos fenômenos jurídicos permitia reconstituir uma ´capá inesperada, mediante a utilização dos instrumentos das ciências sociais" (p. 292).

8 Ibidem, pp. 286-288.

O que as teorias realistas positivas têm em comum é a afirmação de que o direito pode ser estudado independentemente de suas implicações sociais e econômicas, assumindo assim um discurso universalista e racionalista.

Miaille faz então a seguinte cronologia dessas escolas e teorias, primeiro de forma genérica: "...após um longo período marcado pelo jusnaturalismo, é o positivismo jurídico que se torna a escola dominante, assumindo a face do sociologismo mais tardiamente"; depois, de forma historicamente localizada: "...o jusnaturalismo tem seu apogeu e o começo do seu declínio com a Revolução Francesa... o positivismo constitui a corrente dominante a partir do início do século XIX e não será substituído pelo´sociologismósenão no final do século"; por fim, de forma crítica:

> A ascensão da burguesia realiza-se ideologicamente com o jusnaturalismo, que é a arma intelectual que lhe permite criticar a ordem social do feudalismo. Mas, tendo feito a sua revolução e posto em funcionamento as instituições da sua dominação, a burguesia´fechará as portas da interpretaçãó e, invertendo a corrente na qual tinha exprimido as suas reivindicações, imporá uma forma completamente diferente de pensamento, cujas primeiras manifestações (a escola da exegese) serão francamente apologéticas. A seguir, as contradições da paz burguesa tornam-se demasiado evidentes e demasiado graves para suportar a continuação do discurso positivista dos administradores do Código de Napoleão. O sociologismo chega no momento exato da rendição ideológica da dominação burguesa[9].

Grosso modo, a burguesia estaria por trás não apenas do jusnaturalismo, como também do positivismo e em se-

9 Ibidem, pp. 289-292.

guida de sua versão sociológica, ou seja, o mesmo sujeito histórico teria se valido de versões diferentes e mesmo antitéticas do direito e, ainda assim, sido capaz (i) de mascarar a dominação do poder econômico e (ii) de manter a dissimulação da condição material de desigualdade da classe dominada. Trata-se contudo de uma visão maniqueísta dessas correntes com relação ao imputado propósito maquiavélico do direito burguês, porque das duas uma: ou seus agentes teriam de sofrer de algum tipo de esquizofrenia para desejar o mesmo resultado por premissas distintas ou somente por um acidente de percurso histórico premissas teóricas muito distintas alcançariam o mesmo resultado. Que o positivismo jurídico tenha substituído o jusnaturalismo e estabilizado a mesma ideologia (ocultar as condições de existência e as reivindicações da sociedade burguesa incipiente), que ele promova a idolatria da lei e do Estado, que separe o direito da realidade concreta, que mesmo em sua versão sociológica não tenha sido capaz de reduzir as diferenças da divisão social do trabalho e que isso sirva à manutenção do *status quo ante* do liberalismo é uma coisa, mas outra coisa bastante diferente é que todos os seus agentes tenham participado desse plano com identidade de propósito. Se esses agentes pudessem ser consultados, muito provavelmente não admitiriam como verdadeiro que premissas tão distintas sobre o direito fossem capazes de levar ao mesmo lugar, independentemente de terem servido (bem ou mal, consciente ou inconscientemente) ao desígnio burguês. A propósito, não faz muito sentido acusar determinados autores de burgueses ou de vinculação à burguesia, por exemplo: 1) Rousseau teve uma vida tão ou mais miserável do que a de Marx e foi um crítico dos "caprichos da furtuna", que oprimiam os fracos e criavam a desigualdade; 2) Sieyès foi eleito pelo Terceiro

Estado mas pertencia ao baixo clero; 3) Montesquieu tinha origem aristocrática. O sentimento de pertença desses autores decerto não os alinha com as ideias burguesas e se suas ideias serviram aos propósitos burgueses tal resultado não pode ser a creditado às suas premissas teóricas e muito menos a suas intenções conscientes. Outrossim, em sua origem a escola histórica (realismo sociológico) teve um papel claramente antiliberal, de resistência ao novo regime mediante a invocação do passado, de modo que não é correto associá-la como um todo ao projeto burguês, o que não impede de se a acusar de outra coisa: vinculação com o absolutismo.

Prosseguindo, Miaille passa a analisar as doutrinas formalistas, que são aquelas que ao mesmo tempo em que fortalecem sua imagem de ciência a distanciam dos conflitos humanos concretos, transformando o direito em "...simples jogo de construção de normas e imperativos abstratos". Para Miaille, "acreditar que se possa estudar um mundo de puras formas, sem nunca as referir aos conteúdos socioeconômicos, de que elas são a expressão, é pura ilusão para os juristas mais honestos ou pura hipocrisia para os juristas que conhecem as realidades que as formas escondem"[10].

Miaille aponta Kelsen como o principal autor do formalismo, antes de tudo porque sua teoria se pretende científica e purificada de qualquer abordagem não jurídica e depois por conta da redução do direito a um sistema hierarquizado de normas, objeto exclusivo dos estudos jurídicos, que não devem se ocupar dos fenômenos (objeto das ciências da natureza). O princípio básico dessa ciência é a imputabilidade, ou seja, a relação de causa e efeito entre hipótese/condição

10 Ibidem, pp. 295-298.

e consequência contida nas normas, que não têm conteúdo predeterminado. Assim, pesquisa-se apenas se determinada norma é válida ou não, ou seja, se ela está ou não conforme a uma norma superior, e assim sucessivamente até uma norma fundamental, que estrutura um sistema monolítico de normas, que regula e controla a si mesmo. Assim ocorre porque o sistema jurídico se apresenta sem qualquer ruptura. Para Miaille, contudo: 1) os controles de legalidade e de constitucionalidade que se acharão possibilitados nessa teoria escamoteiam o seu fundamento político com base em sua rotina jurídica formal; 2) ela também favorece o fetichismo da lei e da superioridade do Legislativo sobre os demais poderes, que oculta os poderes materiais que o determinam; 3) "...quando se diz que o sistema jurídico se autocontrola, isso significa muito claramente que a sociedade burguesa sabe dar-se os meios de uma regulamentação quase automática dos seus movimentos superestruturais, na medida que isso seja compatível com os movimentos econômicos e sociais de base"; 4) "por mais paradoxal que isso pareça, oferecendo aos juristas a imagem do seu próprio sistema, unificado e tornado coerente por uma formação em graus, Kelsen torna por demasiado visível o que a ideologia liberal tentava ocultar: o homem como pura imaginação, ocultando um universo objetivo de mecanismos autônomos - talvez mesmo completamente independentes desses homens!"[11].

Como visto, Miaille parece não concordar com a classificação dada por Paul Amselek a Kelsen, quanto a ser um expoente do realismo fenomenológico, ao mesmo tempo em que de certa forma o elogia por tornar explícito o propósito

11 Ibidem, pp. 299-308.

ideológico burguês de um direito autônomo e independente do homem e de suas interações sociais e econômicas. Apesar disso, Miaille não parece absolver Kelsen de uma relação com a burguesia, por causa de seu formalismo.

Outra versão do formalismo é o estruturalismo de Claude Lévi-Strauss, que não rendeu todavia no campo jurídico muitos seguidores, segundo Miaille por causa de suas descobertas "incômodas". Basicamente, o estruturalismo é a ciência do símbolo, ou seja, do universo oculto das palavras e de suas significações e que se manifesta no plano do inconsciente. Por exemplo, para explicar o incesto Lévi-Strauss vai além da proibição de o homem casar com certas mulheres para alcançar seu código real de um sistema de troca de mulheres. No plano jurídico, esse método serviria para explicitar o código contido nos Códigos, sendo assim um hiperformalismo, por estar à procura de uma forma por trás dos fenômenos jurídicos. "Numa tal ciência jurídica, com muito mais justificação do que no formalismo kelseniano, o homem está verdadeiramente morto: 'a hipótese homem já não é necessária para explicar o direito" e todas as instituições jurídicas não são mais resultado da vontade humana, já que seu fundamento são as estruturas simbólicas contidas na linguagem do direito. Miaille cita então dois exemplos de juristas estruturalistas, um da área do direito público (André Hauriou) e outro da área do direito privado (A.J. Arnaud). O primeiro deles é acusado de tratar o estruturalismo de forma superficial, por causa de seu ecletismo, mas o segundo deles é elogiado ao descobrir por trás do Código Civil um sistema de trocas econômicas e, mais do que isso, um jogo da paz burguesa. Porém, essa descoberta é eclipsada pelo prefaciador da obra, Michel Villey, para quem a análise estrutural é coerente mas constrói modelos ideais e, por isso, inconvenientes. "Assim, afirmar que o direito do Código é um direito burguês é simultaneamente aceite ('é bem verdade que...') e recusado ('mas...'): é, parece-me, o obstáculo político - e já não metológico - que opõem os representantes da ciência jurídica oficial ao estruturalismo, logo que este vai mais além do que deveria ir"[12].

12 Ibidem, pp. 308-316.

7

CETICISMO E MOVIMENTO DOS ESTUDOS JURÍDICOS CRÍTICOS

O Movimento dos Estudos Jurídicos Críticos ou *Critical Legal Studies* (CLS) teve origem em um congresso realizado nos EUA em 1977. Em suas linhas gerais, o movimento refutava (i) o racionalismo jurídico e a sua pretensão de tornar o direito um instrumento de internalização do dever de obediência e de justificação das instituições, (ii) o conceito de progresso (e, consequentemente, de ordem, que o direito também embute) e sua crença de que o domínio da natureza levaria à plena autonomia individual e (iii) a suposta autonomia entre direito e política. Outrossim, os CLS defendiam a abertura metodológica da análise do direito a outros campos do conhecimento, em particular pela antropologia de Lévi-Strauss (o mesmo que para Miaille representaria o formalismo estruturalista), por favorecer uma metanarrativa crítica da linguagem jurídica, a partir da premissa de que a linguagem escrita é um instrumento de opressão que oculta as estruturas reais que a pré-orientam. Nas palavras de Wayne Morrison, "...os CLS são um reflexo da perda contemporânea da fé em todas as formas de pensamento que fazem as estruturas sociais do mundo moderno parecer naturais, inevitáveis, intrinsecamente justificáveis e inquestionavelmente progressistas", propondo no campo jurídico que "...

devemos investigar como o direito, enquanto campo de ação, mantém seu domínio sobre nós e contribui para manter a legitimidade do sistema"[1].

Em vista daquelas linhas gerais, os CLS foram enquadrados como céticos, niilistas e realistas. O ceticismo consiste basicamente em negar à razão a plena capacidade de explicar a realidade e em pregar a relatividade do conhecimento científico. Nesse sentido, portanto, o movimento pode ser considerado mesmo cético. Já o niilismo, correspondente a Nietzsche, nega qualquer doutrina que se considere absoluta, entre elas a religião e a metafísica, assim como o progresso, visto como descrença da proposta ocidental de um devir glorioso da civilização[2]. Nesse sentido, o movimento é apenas parcialmente niilista, no que concerne à negativa do progresso, porque um de seus autores (Roberto Unger) propõe a reconciliação do pensamento com a metafísica. Por fim, o realismo representa também uma reação contra o formalismo jurídico, porém sob uma ótica pragmática, pois seu objetivo era tornar o sistema jurídico mais eficiente em seus papéis de mudança e de desenvolvimento social, numa linha reformista ou liberal social. E nisso os CLS não têm qualquer afinidade, seja com o pragmatismo da eficiência do direito, seja com aquela orientação ideológica, já que são basicamente críticos do liberalismo e até mesmo do socialismo, embora com este último compartilhem algumas concepções, como se verá adiante.

---

1 *Filosofia do Direito. Dos Gregos ao Pós-Modernismo.* São Paulo: Martins Fontes, 2006, pp. 535-540.

2 JAPIASSÚ, Hilton e MARCONDES, Danilo. *Dicionário Básico de Filosofia.* Rio de Janeiro: Jorge Zahar, 1999, pp. 41-42 e 196 (verbetes ceticismo e niilismo).

Os CLS refutam principalmente o direito do liberalismo, que para eles aliena as reais condições de existência social ao prometer ganhos reais utópicos que tornaram o sistema autolegitimador. Daí a proposta de uma transformação radical do direito, do qual ressentem da sua desumanização, ou seja, da falta de conexão do direito legislado com a realidade da vida. Nesse último aspecto, o movimento defende que se adote a empatia e o altruísmo como mecanismos de reconexão entre o direito e o homem, que foi reificado no direito legislado, ou seja, tornou-se um objeto ou uma mera coisa. Trata-se de uma reação contra a "cultura do contentamento", que absolve os favorecidos pelo sistema de sua responsabilidade social. Um exemplo dessa nova postura é dado por Patricia J. Williams, ao examinar o caso em que o comprador de uma escrava fugitiva arguiu vício redibitório, alegando que ela era louca, enquanto que o vendedor alegou que a escrava fugia porque era estúpida. A autora descreve seu estado de espírito na ocasião, mostra todo seu descontentamento com o direito e depois indaga se ela própria é louca ou estúpida por se deixar irritar pelo caso[3].

Em específico, os CLS criticam a legislação liberal, porque (i) ela parte do pressuposto da neutralidade do direito, quando ele não é autônomo em relação à política, (ii) ela também pressupõe ser o resultado de uma lógica jurídica, quando está politicamente orientada ou subordinada a agendas políticas, (iii) ela tem a pretensão de ostentar significados objetivos incontestáveis, quando possuem relação com causas naturais ou funcionais subjacentes que não podem ser

3 MORRISON, Wayne. Op. cit., pp. 541-548 e 560 (quanto à proposta de reconciliação do pensamento com a metafísica).

ignoradas. Com leis desse tipo o liberalismo oculta desigualdades sociais e econômicas que preservam o *status quo ante* daqueles que elas beneficiam. Em lugar do legalismo jurídico, propõe-se uma política de transformação, capaz de revelar as intenções ocultas pelas ideias dominantes, por meio de argumentos libertadores que desconstruam e desmistifiquem a linguagem jurídica. Por outro lado, os CLS refutam também algumas perspectivas teóricas marxistas, porque rejeitam (i) o materialismo histórico, ou seja, a concepção de que a história é regida por leis naturais que determinam o futuro fora do controle humano, (ii) a ideia de que a vida humana possa ser controlada de forma objetiva por forças sociais e econômicas, (iii) a ideia de absolutos morais acerca da perfeição da sociedade e do direito, porque ela embute a repressão à crítica do direito produzido nessa sociedade. Mas não renunciam a outros conceitos marxistas, como as afirmações de que (i) o direito e a religião pertencem a um conjunto de crenças que fazem as pessoas aceitarem as relações hierárquicas nas quais vivem e trabalham e (ii) o direito é hegemônico no sentido de estabilizar conceitos que parecem superar os conflitos a ele subjacentes, permitindo assim o domínio de uma classe sobre a outra não com base na força ou da repressão, mas na crença de que a ordem jurídica é satisfatória. Assim, conceitos legais como propriedade privada, liberdade de contrato, responsabilidade civil são abstraídos de suas conexões concretas, se reificam e se tornam barreiras nocionais à tomada de consciência, sendo por isso necessário (i) recordar que a sociedade e o direito são criações humanas e que, portanto, pertencem a uma realidade concreta que pode ser mudada, (ii) refutar a reificação dos conceitos jurídicos para reconectá-los com as relações materiais que delas derivam, (iii) expor a dominação inerente à hegemonia do direito, tomando-a então como uma questão de escolha ou de imposição, e não algo que se deve aceitar naturalmente[4].

O último autor referente desse movimento é Roberto Unger, para quem: (i) o direito legal e o estado de direito não são capazes de eliminar a injustiça social que decorre da aceitação inconsciente de uma ordem social hierarquizada; (ii) enquanto não é possível realizar o ideal de uma comunidade universal que harmonize a vontade de reformular as ordens sociais e a consciência de uma ordem natural é necessário transcender a atual ordem normativa (liberal) por meio de uma espécie de direito costumeiro, derivado de um acordo moral comum que não seja o produto dos interesses de grupos dominantes; (iii) o liberalismo e o socialismo são doutrinas emancipadoras que não entregaram a prometida libertação dos indivíduos e grupos da hierarquização da vida social (ao contrário, esses projetos criaram um privilégio conservador para as elites), impondo-se então uma reforma da sociedade tendente a combinar os objetivos liberal e esquerdista de eliminação do domínio de uma classe sobre outra, na linha de um superliberalismo que combine a solidariedade social com a liberdade individual diante do Estado e promova uma democracia descentralizada, de baixo para cima; (iv) a teoria jurídica não pode permanecer alheia à solidariedade e deve criar uma nova imagem social, a partir dos seguintes princípios: a) princípio da indeterminação, segundo o qual o direito é um sistema, porém aberto e incapaz de dar respostas prévias seguras para todos os problemas; b) princípio do antiformalismo, segundo o qual o

4 Ibidem, pp. 548-553.

raciocínio jurídico não deve ser estabelecido de modo autônomo de outros campos do conhecimento e tampouco com pretensão de neutralidade; c) princípio da contradição, segundo o qual as relações jurídicas não são coerentes, porque as leis com base nas quais são firmadas contém interesses antagônicos e conflitantes; d) princípio da marginalidade, segundo o qual o mais importante não é o direito que internaliza as prescrições legais, mas a consciência social que envolve o direito; (v) por fim, a legitimidade do sistema não pode ser mais presumida ou autogerada, porque: a) a crença de que os papéis hierarquizados que os indivíduos assumem inconscientemente derivam de uma ordem natural é falsa; b) o sistema não é estável precisamente pelo motivo oposto ao do argumento em favor da estabilidade, já que ele está fundado em relações desiguais que são mantidas de forma arbitrária; c) a promessa de liberdade e igualdade apenas oculta a realidade de opressão e de hierarquia[5].

Wayne Morrison critica os CLS em três pontos, dizendo que eles (i) escrevem para iniciados ou convertidos, e não para os detentores do poder, com os quais não dialogam por receio e cooptação, caindo em um romantismo revolucionário; (ii) refutam o racionalismo do direito mas precisam escrever em linguagem jurídica para serem ouvidos, caindo assim na armadilha de não poderem fugir da necessidade da razão. Um exemplo disso é a ideia de contradição fundamental apresentada por Duncan Kennedy: o liberalismo reclama liberdade individual, mas ela depende da coerção coletiva para ser alcançada, estando a contradição ocultada na afirmação dos próprios direitos individuais. Mas essa

---

5 Ibidem, pp. 558-564.

ideia é ambigua, porque não explica se é exclusiva do liberalismo, ao mesmo tempo em que transita pelo campo do racionalismo que critica (tanto assim que Kennedy renunciou a ela); (iii) propõem uma mudança do mundo tão pouco realista quanto muito difícil de se obter: "...é como se o próprio chamado à ação ocorresse em reconhecimento da dificuldade de combater o poder e a multiplicidade das forças sociais em operação na modernidade tardia"; (iv) "...exageram a indeterminação do direito e não compreendem que o fechamento deste pode constituir uma postura pragmática diante da complexidade da vida"; (v) ironicamente, ao darem "...a impressão de querer reduzir as pretensões dos juristas, ...fazem ao direito e à legalidade...o elogio de situar, na legalidade, a arena crucial da luta social e política"; (vi) "a política de desconstrução textual, e não de reconstrução racional, pode assemelhar-se a deixar o imperador nu em nome da liberdade para os comprometidos e os iniciados, mas para os outros ela estimula uma política neo-hobbesiana autoritária da lei e da ordem"[6].

Uma última crítica cabível é que, embora os autores do movimento escrevam aos iniciados ou convertidos, não é a eles que parecem incumbir o papel de transformar o direito ou de revelar as ocultações contidas nas leis. Duncan Kennedy afirma que o juiz se encontra confrontado por dois impulsos contraditórios na modernidade liberal: de um lado, o direito legal presidido por argumentos lógicos supostamente infalíveis e, de outro, os sentimentos comunitários de empatia e altruísmo. O juiz (existencialista) que segue o primeiro deles, ignorando o segundo, adota uma postura

6 Ibidem, pp. 548-549, 553, 555-556, 558 e 566-569.

passiva diante das implicações particulares dos valores e da moral envolvidos na relação estabelecida pelas partes e regulada pela lei. Já o juiz que segue o segundo deles deve saber que o altruísmo nega não apenas a criação de regras sem a prévia verificação os resultados, como também a invocação de poderes discricionários, cabendo-lhe então decidir não como indivíduo, mas como membro da comunidade, porque nela reside a "consciência legal". Em outras palavras, esse segundo juiz parte da premissa de que o direito legal é uma questão de escolha política, ou seja, pertence a um campo de ação no qual a decisão também está inserida, mas como as escolhas legais não coincidem necessariamente com o senso de justiça que deve presidir a solução do caso concreto, este último deve então orientar a decisão, cujo resultado tampouco está predeterminado pelos dados concretos da lide. Com isso, a decisão se desvincula da letra fria da lei para se tornar um projeto de transformação do direito[7]. Em resumo, atribui-se a sujeitos não iniciados uma tarefa que já se sabe difícil de realizar pelos próprios convertidos, negando-lhes poderes discricionários de decisão *contra legem*, no pressuposto de que sejam capazes de interpretar corretamente a "consciência legal" da comunidade, mas recomendando que decidam de acordo com o seu senso de justiça. Como se percebe, trata-se de um projeto muito pouco realista e coerente, que somente pode ser explicado pelo receio dos autores referentes de cooptação pelo sistema. Afinal, como o juiz poderia decidir com seu próprio senso de justiça, mas conforme a "consciência legal" da comunidade, não sendo um iniciado?

7 Ibidem, pp. 554-555.

8
JUSTIÇA E IDEOLOGIA

No senso comum, a justiça em geral é associada a uma instituição estatal e a seus comandos decisórios, mas ela é bem mais do que isso e sua conceituação não é simples. Provisoriamente, um conceito mínimo de justiça é o de que ela expressa os critérios ideais de aferição de regularidade das condutas particulares e da ação política dos governantes, com base nas quais são tomadas decisões tanto individuais quanto coletivas. Mas ao se estabelecer mesmo uma conceituação mínima, passa-se a indagar sobre qual justificativa orientou aquele conceito inicial, porque ele ficou centrado nas ações humanas, e não em outro objeto, como uma divindade ou em um fato da natureza. Se se acredita em uma divindade, os desígnios que ela reservou para o crente são justos, quaisquer que sejam, mas esse critério não serve para regular a vida social, especialmente em uma sociedade laica. Outrossim, dizer por exemplo que um raio que tenha caído em determinado local seja por si mesmo justo ou injusto não parece coerente, de modo que também esse critério não serve para aquele propósito. Se o caso então é encontrar critérios regulatórios da vida em sociedade, somente as ações humanas podem ser objeto da justiça. Nos dizeres de Ubiratan Borges de Macedo, "a justiça é, pois, um imperativo ético específico do tipo atributivo, ou exigível pela autoridade, suscetível de vir a ser incorporado ou recebido no ordenamento jurídico"[1].

Não se pode contudo confundir o campo da legalidade com o campo da justiça. Nos dizeres de Giuseppe Lumia, "...o problema da legalidade diz respeito à legitimação (do uso) da força que, mediante a lei, institucionaliza-se, dando lugar ao fenômeno do poder, enquanto o problema da justiça diz respeito à legitimação (do exercício) do poder que, por meio do consenso, se transforma em autoridade"[2].

Se o objeto da justiça são as ações humanas, particulares e públicas, ela integra o universo da ética. Por sua vez, a ética que dita as normas para a conduta humana é chamada de ética normativa, cujas proposições precisam ser justificadas para que não incidam em estipulações arbitrárias. A análise do fundamento e da justificação das proposições da ética normativa é chamada de metaética. Uma ação humana então será justa ou injusta de acordo com o valor a ela atribuído pela norma ética. Consoante Lumia, as doutrinas metaéticas da justiça se dividem em cognitivistas e não cognitivistas e em absolutistas e relativistas, a saber: I - 1) cognitivistas, que consideram os valores como algo inerente às coisas e pessoas: 1.1) empiristas, nas quais os valores são conhecidos pela experiência (utilitarismo, jusnaturalismo); 1.2) racionalistas, nas quais os valores são conhecidos pela razão, que é fonte de produção e conhecimento do justo (Kant, São Tomás de Aquino e seu teologismo intelectualista); 1.3) intuicionistas, nas quais os valores são conhecidos

1 *Liberalismo e Justiça Social.* São Paulo: IBRASA, 1995, p. 81.

2 *Elementos de Teoria e Ideologia do Direito.* São Paulo: Martins Fontes, 2003, pp. 119-120.

pela intuição (Platão); 2) não cognitivistas, que consideram os valores como expressões subjetivas ou escolhas preferenciais ditadas pela vontade: 2.1) voluntaristas, nas quais os valores são conhecidos pela vontade (materialismo jurídico de Marx; contratualismo, salvo o de Rousseau e Kant, que são racionalistas; estatismo de Hobbes, ou positivismo jurídico que identifica a justo com o direito vigente; teologismo voluntarista de Santo Agostinho); 2.2) emocionistas, nas quais os valores são conhecidos pela emoção (empirismo lógico ou neopositivismo ou positivismo lógico), e que assumem duas formas: 2.2.1) psicológica, na qual os juízos de valor são pessoais; 2.2.2) sociológica, na qual os juízos de valor são coletivos; II - absolutistas e relativistas: 1) absolutistas, nas quais o critério do justo é absoluto e, portanto, imutável, atemporal e universal (jusnaturalismo, racionalismo jurídico, teologismo jurídico, intuicionismo); 2) relativistas, nas quais o critério do justo está condicionado pela história e pela cultura (utilitarismo, contratualismo, estatismo, positivismo jurídico, emotivismo). Para Lumia, "...a distinção entre teorias absolutista e teorias relativistas não coincide com aquela entre teorias cognitivistas e não cognitivistas, apesar de, sempre em via de regra e com as devidas ressalvas, se poder afirmar que as doutrinas cognitivistas tendem a tornar absoluto o critério de justiça, enquanto sustentam que se trata de um critério objetivo, inerente ao objeto, seja ele a ação ou a norma que a regula, enquanto as doutrinas não cognitivistas tendem a afirmar a relatividade do critério de justiça, que para elas é um critério subjetivo, originado de um ato de vontade ou impulso do sentimento"[3].

---

3 Ibidem, pp. 121-134.

Quanto ao conteúdo ou critérios de justiça, Lumia menciona vários deles encontrados na história (ordem, comportamento social do homem, igualdade, liberdade, bem comum), que são ao mesmo tempo formais (quanto aos critérios primordialmente determinados) e materiais (quanto aos critérios mais gerais). Em outras palavras, quando se estabelece como critério de justiça a igualdade ou a liberdade, p. ex., indaga-se formalmente sobre o objeto da igualdade (igual em que?) ou da liberdade (liberdade para fazer o que?), para depois se determinar materialmente os critérios do tratamento isonômico ou da extensão da liberdade. Para Lumia, as sociedades contemporâneas adotam mais de um critério de justiça, como, p. ex., a necessidade na distribuição de remédios e o mérito na atribuição de um prêmio de rendimento escolar, que podem ser invertidos em determinadas circunstâncias, a saber: numa epidemia com escassez de vacinas, provavelmente seria adotado o mérito, vacinando-se prioritariamente os profissionais de saúde envolvidos na erradicação da doença; e num prêmio de rendimento escolar consistente em uma bolsa de estudos, em caso de empate provavelmente seria priorizada a necessidade do economicamente menos favorecido. Por isso, "...a escolha de um ou de outro critério é ditada em grande parte...pela ideologia". Talvez o melhor exemplo dessa afirmação tenha sido a análise feita pelo mesmo autor do conteúdo da igualdade em relação à justiça distributiva, porque a depender do tipo de sociedade e, portanto, da autoimagem que seus membros lhe atribuem, consciente ou inconscientemente, a regra distributiva será diferente. Assim: (i) para uma sociedade democrática e igualitária o critério teria de ser "a cada um a mesma coisa"; (ii) para uma sociedade aristocrática o critério teria de ser "a cada um segundo a sua classe social"; (iii) para uma sociedade liberal-capitalista o critério teria de ser "a cada um segundo sua capacidade ou segundo seu patrimônio"; (iv) para uma sociedade socialista o critério teria de ser "a cada um segundo seu trabalho". (vi) para uma sociedade comunista o critério teria de ser "a cada um segundo as suas necessidades"[4].

O problema da escolha ideológica do critério de justiça é que a ideologia precisa primeiro se desvencilhar de sua visão pejorativa, de mascaramento da realidade, porque se a escolha for feita nessa perspectiva ela estará para sempre marcada pela desconfiança. Se, ao contrário, a ideologia for concebida como um sistema de ideias, opiniões e crenças compartilhadas pelos membros de uma sociedade, sem a predeterminação de fins a atingir, a escolha pode ser feita de modo mais consensual. Porém, diferentemente do discurso científico, que ostenta uma função meramente descritivo-informativa da aproximação ente sujeito e objeto e pode ser controlado por relações causais verificáveis empiricamente, no discurso ideológico, que desempenha função valorativo-prescritiva acerca das condutas e escolhas humanas, aquele controle não existe. Com isso, sua aceitação depende da demonstração discursiva das razões das escolhas, por meio de argumentos verossímeis. Tal discurso avaliativo-diretivo exige por sua vez uma técnica argumentativa ou retórica, capaz de persuadir o auditório não de uma verdade absoluta, mas do bom senso dos argumentos que amparam as razões da escolha[5].

---

4 Ibidem, pp. 134-141.

5 Ibidem, pp. 141-146.

Seja como for, mesmo os argumentos mais racionais, verossímeis e sinceros serão capazes apenas de persuadir mais do que convencer no campo do discurso ideológico, porque dependendo da tomada de consciência que nos permite saber o nosso lugar no mundo, ou seja, a nossa condição material de existência, nenhum discurso que privilegie a liberdade em detrimento da igualdade convencerá um socialista, nenhum discurso que privilegie a igualdade em detrimento da liberdade convencerá um liberal e nenhum discurso liberal-socialista que tente a mediação entre liberdade e igualdade convencerá um social-democrata e vice-versa.

9

CONCLUSÃO

Após a definição da ideologia e dos quadros ideológicos, a análise das escolas de jurisprudência, a exposição das críticas mais veementes ao liberalismo e ao positivismo jurídico e uma breve passagem pela conexão geral do tema com a questão da justiça é chegado o momento de concluir. Em resumo, direito e ideologia possuem uma relação de dependência: em princípio, o primeiro é um hospedeiro da última, já que a autoimagem de cada sociedade deve estar retratada em sua ordem jurídica ou, dito de outro modo, a ordem jurídica de cada sociedade funciona como o depósito do conjunto de crenças, ideias e necessidades que seus membros compartilham e almejam fazer valer.

Contudo, essa conexão não se resolve em um projeto de poder uniforme, porque não poucas vezes as doutrinas jurídicas reclamam para o direito um protagonismo não estatal (historiadores, professores, doutrinadores ou intérpretes), ou até mesmo estatal (Judiciário), porém sem sincronia com os titulares da ação política (Legislativo e Executivo).

Tal variação ou contradição não faz parte do universo de significações da ideologia, porque não pode ser justificada por ele. Como visto, a ideologia explica a escolha dos critérios de justiça das ações humanas de determinado *ethos* social. Por isso é que os critérios de uma justiça distributiva, baseada na igualdade, mudam radicalmente de uma sociedade para outra. Em um discurso avaliativo-diretivo, se se parte da premissa racional de que em sociedades verdadeiramente democráticas as decisões políticas são tomadas em respeito à deliberação consensual de uma maioria que ouve e sintetiza a opinião e a vontade de seus destinatários, que se vêem assim agentes e objeto do procedimento decisório, a justiça será então a medida de legitimação do exercício do poder e do uso da força pela autoridade, servindo o direito como simples guia de ação. Qualquer desvio nessa rotina quebra por conseguinte a relação entre direito e ideologia mediada pela justiça.

Também como visto anteriormente, a razão abstrata pode ser traída no mundo real e até mesmo usada como meio de dominação. Em ambos os casos há uma ruptura da relação entre meios e fins, porém de modos diferentes: na primeira, age-se em desacordo com a ideia que orientava a ação, enquanto que na segunda a ação se vale da ideia para atingir um fim que ela não amparava; naquela a ação é desorientada (como se acusa ocorrer entre a doutrina e o regime socialista), enquanto nesta a ação é pré-orientada (como se acusa ocorrer entre o direito legal e o "jogo da paz burguesa"). Se a variação ou contradição supra mencionada não pode ser justificada pelo universo de significações da ideologia, qual dessas duas hipóteses pode explicá-la?

As escolas de jurisprudência perderam importância entre o final do séc. XIX e meados do séc. XX, e desde então, não por coincidência, com a criação e instalação dos Tribunais Constitucionais, o Judiciário vem reclamando para ele mesmo certo protagonismo do direito, naquilo que em geral é chamado genericamente de ativismo judicial. Esse movimento quase silencioso não tem um quadro teórico bem definido, mas seu ponto de partida é claro: atuar nos espaços em que o legislador não foi capaz de explicar e/ou de prever todas as consequências das regras jurídicas. Ainda que no início essa postura possa ter sido considerada aceitável, sua prática ultrapassou as barreiras da ideia original quando as decisões judiciais passaram elas mesmas a estabelecer regras jurídicas e suas consequências. E quando decisões judiciais começam a ser tomadas a pretexto de retratar a vontade da maioria, a relação entre direito e ideologia mediada pela justiça é interrompida, porque a titularidade da escolha dos critérios de justiça é alterada. Nesse sentido, aquela variação ou contradição somente pode ser enquadrada naquela primeira hipótese acerca da ação, já que não há qualquer evidência de que o Judiciário, via TC, tenha um projeto de poder no sentido de orientar a ação política.

Ninguém melhor que Ingeborg Maus percebeu tal quadro, ao examinar o histórico do judiciário alemão sob a perspectiva psicanalítica freudiana.

No período do absolutismo o Judiciário alemão conseguiu limitar o autoritarismo do Príncipe por meio do princípio da vinculação à lei decorrente do formalismo jurídico, mas após esse período, na República de Weimar do início do séc. XX, (i) aos juízes foi reconhecido pelo Tribunal Imperial a competência para controlar a constitucionalidade das leis do Império, ao mesmo tempo em que (ii) o método de interpretação conforme a Constituição passou a ser usado como cânone para decidir caso a caso se a lei podia ou não ser aplicada. Justamente no momento em que se descortinava a democracia, o Judiciário passou a decidir não em nome do povo, mas em nome de sua própria autonomia (princípio da independência do Judiciário). Os argumentos para essa subversão foram (i) o *deficit* de conhecimento jurídico do Parlamento, (ii) a imprecisão das leis como resultado do consenso entre interesses conflitantes e (iii) a quebra da unidade do sistema jurídico. Em nome então da unidade da lei e da Constituição, o Judiciário assumiu o projeto de dissolver os antagonismos contraditórios que jazem nas leis com base em uma sistemática jurídica de valores. Em meados do séc. XX, o Tribunal Constitucional foi instalado a passou a ser provocado por movimentos sociais de base democrática que não renunciavam a seus pontos de vista morais contra o Estado. Num contexto de crescente *animus litigandi*, o TC ampliou então os parâmetros do controle de constitucionalidade para além do texto escrito, com base em um direito suprapositivo e/ou em princípios interpretados a seu modo, expandindo assim a sua própria competência, agora na condição de censor ilimitado do legislador. A competência do TC passa a ser autoreferente e ele deixa de ser o guardião da Constituição para garantir a própria história jurisprudencial. Por sua vez, o controle de constitucionalidade deixa então de ser garantia contrarreacionária (volta ao passado absolutista) e passa a ser uma garantia do decisionismo do próprio TC.

Esse movimento passou a ser justificado pelo funcionalismo jurídico, cujo marco teórico (atribuído a Dorkin) permitiu ao Judiciário (via TC) (i) a transformação da Constituição em uma "ordem de valores", concepção aberta e imprecisa com base na qual ampliou os princípios constitucionais positivados, (ii) a intervir casuisticamente cada vez mais em temas sociais, em nome da administração de crises ou de sua prevenção, por meio do "sopesamento de valores", feito necessariamente caso a caso, e (iii) a expandir o poder sancionatório do Estado por intermédio da transformação de pontos de vista morais em regras jurídicas.

Além disso, a associação entre direito e moral é especialmente problemática quando na interpretação das leis se atribui ao juiz a qualidade de sujeito social mais capacitado de argumentar moralmente (como faz Dworkin), porque isso resulta em (a) imunização da crítica pela internalização de uma moral coletiva na própria decisão (para além do personalismo/biografismo do juiz), (b) eliminação dos mecanismos de controle social (com base nos quais seria possível garantia a sintonia entre as decisões e a vontade popular) e (c) um poder Judiciário que se autorreconhece atributos morais que nega aos outros poderes. Quando o TC toma decisões na qualidade de administrador da moral pública, não é possível garantir a necessária sintonia delas com a vontade popular, em particular no caso das decisões vinculantes retroativas: antes o cidadão calculava suas ações futuras com base nas regras proibitivas que cabiam às leis, mas com decisões vinculantes retroativas o TC inverte essa lógica, promovendo a reelaboração do passado (com novas regras proibitivas) e a reconstrução do futuro (com novas regras permissivas).

Como resultado, sob a ótica psicanalítica, houve então uma indevida transferência da *imago paterna* para o Judiciário (via TC). Após as revoluções liberais, a concepção democrática de Estado inverteu a relação entre os cidadãos e o poder estatal, com base no pressuposto de que somente é lei aquilo que o povo decidiu para si mesmo. Com isso, a soberania popular se confundiu com o conceito de domínio da lei, transformando a ideia de domínio em autolegislação e tornando as decisões deliberativas do povo em diretrizes sociais de sua própria conduta. Isso faria então do Legislativo (via Parlamento) o único poder legítimo para receber a transferência da *imago paterna*, mas ao longo do séc. XX essa referência foi apropriada pelo Judiciário (via TC) por meio do controle de constitucionalidade, rompendo com a histórica emancipação do cidadão do poder do Estado absolutista derrotado. Somente o Legislativo (via Parlamento) poderia cumprir de forma legítima o papel de *superergo* (significa basicamente a repressão aos impulsos (*id*) que o indivíduo recebe de uma tradição histórica e cultural herdada da figura referente do pai - *imago paterna*), porque (a) é o titular do princípio da soberania popular, (b) por meio do qual os valores da sociedade são representados como razão/moral pública, e porque (c) o contrário eliminaria o processo de construção política do consenso. A transferência do papel de *superego* para uma instituição que não devia representar a instância moral da sociedade deixa-a órfã da figura paterna, ou seja, sem uma referência legítima[1].

Grosso modo, o quadro descrito é comum a todos os países que possuem Tribunais Constitucionais independentes, porque em nome da autonomia do Judiciário as próprias partes demandam decisões inovadoras que abrem portas para mundos diversos da deontologia jurídica, por meio do qual o direito devia ser simples guia de ação da justiça.

Tudo começa quando as partes pedem ao Judiciário que acrescente uma glosa à ordem jurídica no sentido de suprimir por decisão uma lacuna normativa, o que reclama uma atuação fora do mundo deôntico e exige saber qual outro mundo pode servir de guia para a decisão. Assim, por exemplo, se se reclama o usufruto imediato de um direito fundamental cujas condições de exercício não estão estabe-

1 Judiciário Como Superego da Sociedade. O Papel da Atividade Jurisprudencial na 'Sociedade Órfã'. *Novos Estudos*, São Paulo: CEBRAP, n. 58, 11/2000, pp. 183-202.

lecidas no plano infraconstitucional, o parâmetro decisório pode transitar: 1) pelo plano moral: a pretensão partiria do princípio (imperativo categórico) segundo o qual é uma coisa boa em si mesma que as condições de exercício possam ser estabelecidas pelo Judiciário em lugar do Legislativo, mas esse raciocínio depende conceber que também seja uma coisa boa em si mesma que o juiz decida monologicamente sobre o modo de adquirir e exercer o direito e quais são os seus limites, sem que sobre tudo isso haja um consenso prévio, o que significa dizer que a solução teria de ser individual, do Juiz para consigo mesmo (como sói ocorrer com juízos morais), não valendo portanto externamente (papel mais afeito ao direito e a seu imperativo hipotético); 2) no plano apofântico, a pretensão partiria da premissa conforme a qual o juízo sobre ser devido o exercício do direito invocado, mesmo sem regulamentação, é verdadeiro, sendo falso o juízo contrário, mas também aqui seria necessário conceber como verdadeiro o juízo que atribui ao Juiz o poder de dizer o modo de adquirir e exercer o direito e quais são os seus limites, negando consequentemente o juízo contrário, por falso, conclusão à qual também faltaria consenso; 3) no plano ontológico, a pretensão teria de ser construída com base na pressuposição de que é da essência do próprio direito a sua regulamentação, mas como tal premissa também supõe ser da essência da regulamentação seu caráter geral e abstrato, não haveria como deduzir do *eido* principal uma regulamentação particular; 4) no plano axiológico, a pretensão estaria baseada em um valor positivo sobre ser devido o exercício do direito mesmo ainda não regulamentado, sendo negativo o valor oposto, mas esse raciocínio sofre do mesmo mal apontado no item 1, supra, em torno da moral, porque também seria necessário considerar um valor positivo a atribuição de poder monológico ao juiz para decidir sobre o modo de adquirir e exercer o direito e quais são os seus limites.

Como se observa, os juízos que se pode subjazer à pretensão levam a apenas um questionamento: tem o juiz poder para estabelecer sozinho, com força obrigatória, um direito cujos parâmetros não se encontram estabelecidos por consenso? Em caso de resposta positiva, os juízes terão mais poder que a própria ordem deontológica lhes confere, o que também aqui seria necessário estabelecer outra ordem de raciocínio para explicar tal competência. Em outras e curtas palavras, a pretensão somente pode ser levada a efeito à custa do consenso deliberativo e sob a premissa de que juízes são os senhores do direito a cada caso, o que seria um retorno à escola da jurisprudência dos interesses, sem que tampouco haja consenso a respeito.

Um governo dos juízes, caso a caso, não é menos tirânico do que um governo absolutista, com a única diferença de que no primeiro o tirano se revela aos poucos, enquanto que no último ele se observa de uma vez por todas.

REFERÊNCIAS BIBLIOGRÁFICAS

ALEXY, Robert. *Teoría de los Derechos Fundamentales*. Madrid: Centro de Estudios Políticos y Constitucionales, 2001.

BOBBIO, Norberto. *Thomas Hobbes*. Rio de Janeiro: Campus, 1991;

________ *Locke e o Direito Natural*. Brasília: UNB, 1998;

________ O Modelo Jusnaturalista. *Ensaios Escolhidos*. Rio de Janeiro;

________ *Liberalismo e Democracia*. São Paulo: Brasiliense, 1988;

________ *As Ideologias e o Poder em Crise*. Brasília: UnB, 1995;

________ *Qual Socialismo? Discussão de uma alternativa*. Rio de Janeiro: Paz e Terra, 1987;

________ *O Futuro da Democracia. Uma Defesa das Regras do Jogo*. Rio de Janeiro: Paz e Terra, 1989;

________ *O Positivismo Jurídico, Lições de Filosofia do Direito*. São Paulo: Ícone, 1995;

________ *Direito e Estado no Pensamento de Emanuel Kant*. Brasília: UNB, 1997;

________ *El Problema del Positivismo Jurídico*. Buenos Aires: Eudeba, 1965.

BRAVO, Gian Mario. In: BOBBIO, Norberto, MATTEUCCI, Nicola e PASQUINO, Gianfranco (Org.). *Dicionário de Política*. Brasília: UNB, 1998.

CAMARGO, Margarida Maria Lacombe. *Hermenêutica e Argumentação. Uma Contribuição ao Estudo do Direito*. Rio de Janeiro: Renovar, 2001.

CHÂTELET, François, DUHAMEL, Olivier e PISIER-KOUCHNER, Evelyne. *História das Ideias Políticas*. Rio de Janeiro: Jorge Zahar, 1990.

CONSTANT, Benjamin. Da Liberdade dos Antigos Comparada à dos Modernos. LCPM/UNICAMP/UFRGS, 1985.

ELSTER, Jon. *Marx Hoje*. São Paulo: Paz e Terra, 1989.

GEUSS, Raymond. *Teoria Crítica. Habermas e a Escola de Frankfurt*. Campinas: Papirus, 1988.

HAYEK, Friedrich August von. Os Princípios de Uma Ordem Social Liberal. In: CRESPIGNY, Anthony de e CRONIN, Jeremy. *Ideologias Políticas*. Brasília: UNB, 1981.

HORKHEIMER, Max. Teoria Tradicional e Teoria Crítica. *Os Pensadores*. v. XLVIII. São Paulo: Victor Civita, 1975.

INCISA, Ludovico. In: BOBBIO, Norberto, MATTEUCCI, Nicola e PASQUINO, Gianfranco (Org.). *Dicionário de Política*. Brasília: UNB, 1998.

JAPIASSÚ, Hilton e MARCONDES, Danilo. *Dicionário Básico de Filosofia*. Rio de Janeiro: Jorge Zahar, 1999.

JELLINEK, Georg. *Teoria General del Estado*. Granada: Editorial Comares, 2000.

KELSEN, Hans. *Teoria Pura do Direito*. São Paulo: Martins Fontes, 1991;

________ *Teoria Geral do Direito e do Estado*. São Paulo: Martins Fontes, 1990;

________ A Garantia Jurisdicional da Constituição. A Justiça Constitucional. *Sub Judice. Justiça e Sociedade*, Coimbra, ns. 20/21, jan/jun 2001.

LARENZ, Karl. *Metodologia da Ciência do Direito*. Lisboa: Fundação Calouste Gulbenkian, 1997.

LUMIA, Giuseppe. *Elementos de Teoria e Ideologia do Direito*. São Paulo: Martins Fontes, 2003.

MACEDO, Ubiratan Borges de. *Liberalismo e Justiça Social*. São Paulo: IBRASA, 1995.

MATTEUCCI, Nicola. Liberalismo. In: BOBBIO, Norberto, MATTEUCCI, Nicola e PASQUINO, Gianfranco (Org.). *Dicionário de Política*. Brasília: UNB, 1998.

MAUS, Ingeborg. Judiciário Como Superego da Sociedade. O Papel da Atividade Jurisprudencial na'Sociedade Órfã'. *Novos Estudos*, São Paulo: CEBRAP, n. 58, 11/2000.

MIAILLE, Michel. *Introdução Crítica ao Direito*. Lisboa: Estampa, 1989.

MORRISON, Wayne. *Filosofia do Direito. Dos Gregos ao Pós-Modernismo*. São Paulo: Martins Fontes, 2006.

NOBRE, Marcos. Luta por reconhecimento: Axel Honneth e a Teoria Crítica. In: HONNETH, A. *Luta por reconhecimento: a gramática moral dos conflitos sociais*. Trad: Luiz Repa. São Paulo: Ed. 34, 2003.

RICOEUR, Paul. *Interpretação e Ideologias*. Rio de Janeiro: Francisco Alves, 1988.

RICOSSA, Sergio. In: BOBBIO, Norberto, MATTEUCCI, Nicola e PASQUINO, Gianfranco (Org.). *Dicionário de Política*. Brasília: UNB, 1998.

SACCOMANI, Edda. In: BOBBIO, Norberto, MATTEUCCI, Nicola e PASQUINO, Gianfranco (Org.). *Dicionário de Política*. Brasília: UNB, 1998.

SETTEMBRINI, Domenico. In: BOBBIO, Norberto, MATTEUCCI, Nicola e PASQUINO, Gianfranco (Org.). *Dicionário de Política*. Brasília: UNB, 1998.

TRANFAGLIA, Nicola. In: BOBBIO, Norberto, MATTEUCCI, Nicola e PASQUINO, Gianfranco (Org.). *Dicionário de Política*. Brasília: UNB, 1998.